LES BIENS COMMUNAUX

EN FRANCE

ORIGINE. — ÉTAT ACTUEL. — PARTAGE

BORNAGE DES COMMUNAUX ET DES TALUS DE ROUTES

CONSTATATION DE LEURS SERVITUDES

LOI DU 17 MARS 1898

PAR

Eugène FREYSSINAUD,

Ancien Juge de Paix du canton nord de Limoges,

Ancien avocat, ancien avoué d'appel et de 1re instance à Limoges,

Ancien maire

Président honoraire de la section juridique de la Société nationale des Géomètres

de France, d'Algérie et de Tunisie

BRAY-SUR-SEINE,

LOUIS COLAS, IMPRIMEUR

13, Rue du Pont

1899

LES BIENS COMMUNAUX

EN FRANCE

LES BIENS COMMUNAUX

EN FRANCE

ORIGINE. — ÉTAT ACTUEL. — PARTAGE

BORNAGE DES COMMUNAUX ET DES TALUS DE ROUTES

CONSTATATION DE LEURS SERVITUDES

LOI DU 17 MARS 1898

PAR

Eugène FREYSSINAUD,

Ancien Juge de Paix du canton nord de Limoges,

Ancien avocat, ancien avoué d'appel et de 1re instance à Limoges,

Ancien maire

Président honoraire de la section juridique de la Société nationale des Géomètres

de France, d'Algérie et de Tunisie.

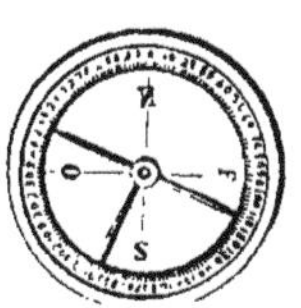

BRAY-SUR-SEINE,

LOUIS COLAS, IMPRIMEUR

13, Rue du Pont

1899

Les biens communaux en France.

Nous présentons cette étude sur les communaux, sous le bénéfice de nos travaux anciens, de la participation que nous avons prise dans les affaires du pays, de l'expérience que nous avons acquise étant aux prises avec la réalité dans nos diverses fonctions attributives, électives, judiciaires et administratives. Nous appuierons nos assertions sur des faits généraux et particuliers, précis et personnels. Nous prendrons une grande force dans les pages d'écrits et de rapports de nos anciens confrères, amis et compatriotes. C'est ainsi que notre dissertation et nos conclusions sur la suppression des communaux par le partage ont été prises en grande partie dans le rapport fait au conseil général de la Haute-Vienne, en 1857, par M. Géry, avocat, ancien préfet, ancien conseiller d'Etat. Nous nous sommes aussi beaucoup aidé d'un autre rapport fait au même conseil général de la Haute-Vienne, en 1863, sur la mise en valeur des communaux, par M. de La Boulinière, ancien avocat à la cour de cassation. Pour la question sociale et le rôle des communaux chez *le pauvre et le riche*, nous nous sommes servis des observations consignées dans une brochure récente de notre regretté compatriote, M. Larombière, ancien président de chambre à la cour de cassation. Nos statistiques viennent de la revue administrative sous la signature de M. de Grisenoy, ancien directeur au ministère de l'Intérieur, ancien conseiller d'Etat. En dernier lieu nous avons reçu des renseignements précieux de la part de M. Aucoc, ancien maître des requêtes au conseil d'Etat, aujourd'hui membre de l'Institut, auteur d'un ouvrage sur les sections de communes et les communaux.

Les questions qui vont nous occuper ont été agitées bien souvent depuis 1789 ; elles n'ont pas reçu de solution parce que, comme toutes celles qui intéressent la propriété foncière, elles ont été dévoyées par leur attribution instable aux divers ministères.

Communaux.

Les biens communaux sont aussi appelés *biens vacants.* Définition : Les biens communaux proprement dits sont, d'après la définition de la loi elle-même (Art. 1er de celle du 10 juin 1793), ceux dont la propriété et la jouissance appartiennent à la généralité des habitants de la commune.

Les biens des sections de commune sont ceux dont la propriété et la jouissance appartiennent à la généralité des habitants des villages dans le territoire desquels ils sont situés, à l'exclusion des autres habitants de la commune.

Les biens communaux comprennent des terrains de toutes natures. Le plus souvent ce sont des landes, pâtis, bruyères, pâturages, forêts ou bois.

Sections de communes.

Les sections de communes et les biens communaux se confondent dans leurs origines et paraissent résulter les unes des autres. La section de commune, dit M. Grisenoy, est formée par un groupe d'habitants possédant des biens et des droits communs auxquels n'ont pas part les autres habitants de la commune. Elle n'a d'existence qu'à raison de ces biens et de ces droits.

La constitution des communes en 1789, les modifications et rectifications faites ensuite dans les circonscriptions primitivement établies, surtout à l'occasion de l'établissement du cadastre, ont donné lieu également à la création de nouvelles sections. Les portions de communes détachées et annexées à des communes voisines ayant nécessairement conservé leurs droits de propriété et de jouissances ont produit les mêmes résultats. L'Assemblée constituante avait nettement posé ce principe en 1790, à l'occasion des changements effectués ou à effectuer dans les limites des communes. Aujourd'hui encore, une commune réunie à une autre commune, et possédant des biens, deviendrait une section ; un hameau ne formant pas une section distincte dans une commune possédant des biens, en deviendrait une également, s'il était détaché de cette commune et transféré à une commune voisine, puisqu'il conserverait ses droits sur les biens de la commune d'origine.

Enfin la loi du 10 juin 1793 attribuant aux communes et villages les terres vaines et vagues situées sur leur territoire et considérées jusque là comme appartenant aux seigneurs, a du créer encore un assez grand nombre de sections.

En résumé, les sections doivent leur origine à trois ordres de faits : les concessions seigneuriales, ou la mise en commun de terres par un groupe d'habitants non érigé en paroisse ou communauté ; les modifications dans les circonscriptions communales depuis 1789 ; l'attribution en 1793, des terres seigneuriales aux communes, villages et hameaux.

Le nombre des sections était en 1863, de 35.847, réparti entre 6.108 communes. Les cinq sixièmes des communes n'ont donc pas de sections, et cet élément ne présente une certaine importance que dans une trentaine de départements au plus, groupés presque tous dans la région montueuse du centre de la France, où les villages sont nombreux et très disséminés, tandis qu'on ne rencontre qu'un très petit nombre de sections dans les grandes chaînes des Alpes et des Pyrénées. Dans ces régions, la majeure partie du sol étant inhabitable, les agglomérations se sont forcément groupées le long des vallées. Les Basses-Alpes ne comptent que 23 sections ; les Hautes-Alpes, 31 ; les Alpes-Maritimes, 1 ; la Savoie, 47 ; les Basses-Pyrénées, 38 ; les Hautes-Pyrénées, 20 ; les Pyrénées-Orientales, 17.

Par contre, le Puy-de-Dôme figure en tête des départements possédant le plus grand nombre de sections : il en a 4.537 ; *la Creuse en a 4.051.* Puis viennent la Haute-Loire, le Cantal, le Morbihan, la Corrèze, qui en ont de 2.000 à 3.000 ; *la Haute-Vienne,* l'Aveyron, la Lozère, le Lot, de 1.400 à 1.800. Les autres en ont au-dessous de 1.000.

En dehors de la région centrale, on trouve deux groupes de départements ayant des sections en assez grand nombre : En Bretagne, le Morbihan et les Côtes-du-Nord ; le Morbihan surtout, qui en compte 2.221, à côté du Finistère et du

Maine-et-Loire qui n'en ont pas une seule et de la Loire-Inférieure qui n'en a qu'une. Le second groupe comprend la Vendée, la Charente-Inférieure, la Gironde, la Charente, et se relie à celui de la région centrale par la Haute-Vienne. Ici encore, la population est tellement dispersée que souvent les communes ne possèdent pas d'agglomération et ne se composent que de petits hameaux disséminés sur toute la surface de leur territoire.

Si les départements occupés par les grandes chaînes de montagnes ont une grande étendue de biens communaux et un petit nombre de sections, par contre, ceux qui ont un grand nombre de sections ne sont pas les mieux dotés sous le rapport de l'étendue des biens communaux ; cela s'explique par ce motif que, les terres y étant généralement plus susceptibles d'être mises en valeur que dans les pays de montagnes, la culture individuelle aurait une tendance à y occuper davantage le sol.

*
* *

L'étude des communaux présente trois questions principales :

1º Les biens communaux dans le passé, leur origine, leur rôle et les modifications apportées pendant et depuis la révolution.

2º Les biens communaux aujourd'hui : leur état actuel en fait et en droit, et ses conséquences. — Législation actuelle.

3º Y a-t-il lieu à une réforme dans la législation des biens communaux et dans quel sens ?

Faut-il supprimer les communaux ? Par quel moyen ?

PREMIÈRE QUESTION.

Les biens communaux dans le passé ; leur origine, leur rôle et les modifications apportées pendant et depuis la Révolution.

Il serait difficile de dire d'une manière précise, ce qu'ont été dans le passé les biens communaux. Ainsi que pour leur origine, tout se perd dans la nuit des temps ; tout varie à l'infini ; tout dépend des régions, des usages, des mœurs, des besoins de l'agriculture et des habitants ; cela dépend encore des régimes féodaux et coutumiers de chaque pays. C'est ainsi que dans le nord de la France, les communaux appartiennent presque tous à la commune, à l'agrégation entière, tandis qu'ailleurs et principalement dans le centre, ces biens appartiennent non plus à la commune, mais à des sections ou dépendances de certains territoires appelés autrefois *mas* ou *ténements.*

Origine : L'origine des biens communaux, surtout de ceux appartenant aux communes, venait souvent de concessions royales sur d'anciens domaines féodaux ; souvent aussi c'était le résultat de cantonnements. Beaucoup de biens communaux ont été concédés par le gouvernement en vertu, soit du décret général du 9 avril 1811, soit de décrets spéciaux aux départements et aux communes.

Quant aux biens communaux appartenant aux sections de communes et possédés par elles, on peut dire qu'à l'origine, ils avaient un caractère purement privé. Quelques-uns de ces biens, notamment ceux constitués par des démembrements récents de propriétés particulières, ont pu conserver jusqu'à ce jour ce caractère, et pour ceux-là les règles du droit civil demeurent seules applicables sans aucune intervention de l'autorité administrative. Le plus grand nombre a perdu peu à peu ce caractère. Une transformation graduelle s'est opérée, qui a eu pour effet de donner aux biens dont la jouissance avait été mise en commun dans l'origine entre divers propriétaires un caractère public ; mais le cachet d'origine de ces biens n'en subsiste pas moins. On en voit un exemple dans le préambule qui a précédé le partage des bois du Nouhaud dont il va être parlé.

L'origine est aussi différente suivant qu'il s'agit de bois ou de terres.

Les biens communaux ont des origines très diverses que M. Aucoc a rattachées à trois ordres de faits : 1º La répartition primitive du sol au temps où dominait la vie pastorale ; 2º l'attribution des terres vacantes faite aux municipalités romaines par les empereurs ; 3º mais surtout, et à peu près exclusivement, pour les communautés rurales, les concessions à titre gratuit ou à titre onéreux des seigneurs ecclésiastiques et laïques, et les débris des propriétés indivises des communautés agricoles du moyen âge. Or, le plus souvent, les paroisses comprenaient plusieurs villages et hameaux disséminés sur l'étendue de leur territoire, lesquels avaient été créés par les seigneurs en vue de la culture de leurs domaines et au moyen de concessions de terres communes ou d'avantages propres à attirer et à fixer les cultivateurs. Ces droits privatifs des villages et hameaux à la jouissance et à la propriété de certaines terres sont établis par les lois, réglements et usages les plus anciens, et la loi de 1837 n'a fait, à cet égard, que consacrer les faits existants en même temps que les dispositions écrites dans les lois des 28 août 1792 et 10 juin 1793.

Les biens communaux ont donné lieu dans le passé, comme dans le présent, à des difficultés. Souvent la question de leur mise en valeur a été posée. Le partage a toujours été le mode préféré, mais cette mesure était appliquée aux biens appartenant aux sections de communes. Le partage des biens appartenant aux communes était défendu ; nous verrons plus tard pourquoi et comment.

Déjà avant 1789 et dans le cours du XVIIIe siècle, le partage avait été appliqué avec succès, tantôt pour la jouissance et tantôt pour le fond, pour les trois évêchés, par l'édit de juin 1769 ; pour les généralités d'Auch et de Pau, par les arrêts du conseil de 1771, 1773 et 1777 ; dans le duché de Bourgogne, le Mâconnais, l'Auxerrois, le pays de Gex et Bugey, par l'édit de janvier 1774 ; dans l'Alsace, par l'édit du mois d'avril 1774 ; dans la Flandre française, par lettres patentes du 27 mars 1777, et dans l'Artois par celles du 25 février 1779. La loi du 10 juin 1793 a eu le tort de décréter le partage dans des conditions impossibles à réaliser ; mais bien comprise et bien appliquée, cette mesure peut produire d'excellents résultats et se trouve être en fait d'une application d'autant plus facile que les biens des sections, que l'on a en vue, se trouvent tous placés à proximité des habitations appelées à participer au partage.

Les partages dont nous venons de parler étaient le plus souvent faits, pour la jouissance, au moyen d'allotissements.

Les édits et les lettres patentes de 1769 et 1779 qui les réglaient, ne se contentaient pas d'assurer aux copartageants la jouissance viagère de leurs lots ; ils voulaient que cette jouissance se transmît de père en fils par ordre de primogéniture, et ce n'était qu'en cas de vacances résultant de l'extinction de la ligne masculine que le lot faisait retour à la communauté. Il y avait là tout une combinaison successorale qui donnait à un simple partage de jouissance presque tous les avantages d'un partage définitif. Cette combinaison serait aujourd'hui tout à fait incompatible avec les principes de notre droit privé et de notre droit public.

Le partage par feux est le mode adopté par le plus grand nombre des édits du XVIIIe siècle. C'est celui que le conseil des Cinq-Cents a adopté en 1798 ; c'est celui que le Conseil d'Etat a adopté le 20 juillet 1807, c'est la base qu'ont appliquée plusieurs décisions de la Cour de cassation ; c'est celle que les populations ont adoptée toutes les fois qu'elles ont procédé entre elles au partage de leurs biens communaux par actes purement privés, ainsi que cela s'est souvent pratiqué dans les départements de la Creuse et de la Haute-Vienne. Ces partages, rédigés par actes authentiques et suivis déjà depuis le jour où ils ont été faits de plusieurs mutations successives, ont toujours eu pour base le feu, l'habitation.

Toutes les fois qu'il s'est agi de réglementer l'exercice du droit de propriété, pouvant appartenir aux sections de communes, on s'est trouvé en présence de deux grands principes : le principe du droit de propriété d'une part ; le principe de l'unité communale d'autre part. La conciliation de ces deux principes n'a pas toujours été chose facile ; la loi du 18 juillet 1837 sur l'administration municipale, a essayé cette conciliation en réglant par ses articles 5, 6 et 7 les conséquences de la réunion ou de la distraction des sections de communes, sur le sort des biens de toute nature qui peuvent leur appartenir. La jurisprudence a complété les dispositions de la loi, et le Conseil d'Etat, par ses arrêts de 1856, 1857 et 1859, a protégé et défendu le droit sacré de la propriété contre les conséquences exagérées du principe de l'autorité communale. Aujourd'hui ces deux principes se trouvent encore en présence ; mais la loi sur l'organisation municipale du 5 avril 1884 a conservé aux sections de communes, comme à toute commune réunie à une autre, la jouissance particulière et exclusive des biens qui lui appartiennent.

Question sociale. — Rôle des communaux. — Les communaux jouent partout un grand rôle dans les propriétés grandes et petites. Ils sont dans beaucoup d'endroits une cause déterminante du bon ou du mauvais état des propriétés grandes ou petites.

L'état de la petite propriété en Limousin varie suivant les communaux, qui sont, pour la plupart, envahis par les petits propriétaires. Ce genre de propriété communale les attire dans l'espoir fondé d'en devenir propriétaires et dans la certitude d'en avoir la jouissance. Mais quelle déception ! ces jouissances dans des terrains, le plus souvent de nature ingrate, les obligent à un travail considérable qui n'est pas rémunérateur. Le petit propriétaire qui a acquis près des communaux une parcelle de terrain n'a pas les ressources nécessaires pour sa petite exploitation : il se voit dans la nécessité de marauder le jour et la nuit dans les propriétés voisines pour se procurer les choses indispensables.

A propos des communaux, on dit souvent ; *le riche, le pauvre.* Par ces qualificatifs on a voulu mettre en présence la grande et la petite propriété foncière. Dans cette dernière catégorie, se trouvent deux classes intéressantes de travailleurs : celle des petits propriétaires qui n'obtiennent pas de grandes ressources de leur propriété, et celle des fermiers des petites habitations. Les uns et les autres profitent des communaux et en jouissent de la même manière.

En matière de communaux, on peut faire deux raisonnements également vrais, quoique contradictoires.

Le premier consiste à dire : le pauvre, celui qui possède le moins de terre près du communal est celui qui jouit le plus de ce dernier. Celui qui a des propriétés étendues use peu de ses droits de pacage et de parcours. Il utilise ses biens personnels et préfère ses bons pâturages aux bruyères dévastées ou aux marécages. Celui, au contraire, qui n'a que sa maison et son jardin ne quitte pas le communal. C'est sa vache qui profite des premières herbes, et ce sont ses brebis qui tondent les premières bruyères. Les communaux sont le bien des pauvres. Le pauvre en défriche une partie et y récolte un peu de blé. Le pauvre y nourrit l'été une vache qu'il hiverne avec quelques quintaux de foin. Le pauvre y élève quelques brebis, une chèvre, un porc, dont la laine, le lait et le produit soulagent sa misère. Le pauvre, même quand il ne possède pas un pouce de terrain, peut encore se dire propriétaire, puisqu'il conserve toujours sa part dans les communaux de son village ; c'est donc là une propriété sainte et sacrée à laquelle il ne faut pas toucher. La possession des communaux est en raison inverse de la richesse et de la propriété. La jouissance absolue *du pauvre* a été une usurpation, mais cette usurpation a été consacrée par le temps, par le consentement tacite du grand propriétaire, par la force des choses.

Contradictoirement on peut dire :

L'étendue des défrichements dans les communaux tend à diminuer de jour en jour ; la raison en est bien simple, c'est que le travail n'est pas payé par la récolte et qu'il y a avantage à l'employer autrement. — Comment songerait-on à défricher une partie du communal, quand nous voyons de pauvres gens laisser de meilleurs terrrains sans culture, à cause des frais de labour et du peu de valeur de la récolte ? Si des parcelles de communaux sont encore cultivées, ce sont celles qui, mises en culture depuis longtemps, sont possédées par des propriétaires qui ont au moins une paire de vaches et ne sont pas réputés *pauvres*.

Quant à la vache, aux brebis, à la chèvre, au porc que le pauvre nourrit dans le communal, j'observerai d'abord, en général, que le pauvre est encore plus pauvre et qu'il ne possède pas tout cela. Beaucoup vivent honnêtement du salaire de leur travail et ne retirent, les uns presque rien, les autres rien du tout des communaux de leurs villages. Mais enfin, admettons que le pauvre a une vache, des brebis, un porc, le tout ensemble ou une partie seulement. Cependant, à côté de lui, il y a d'autres habitants, riches sans doute par comparaison qui possèdent deux, quatre, six vaches et même davantage, des chèvres, des troupeaux de brebis et de porcs ; ces habitants ont de grands besoins de litières ;

ils prennent dans le communal les ajoncs et jusqu'au gazon ; ils ont des bestiaux, et, par conséquent, les moyens que n'a pas le pauvre de cultiver régulièrement des parcelles plus ou moins étendues du terrain communal. Qui donc en jouit le plus et retire la plus grande part de ses produits ? Evidemment, le communal profite à chacun dans la proportion de ses propriétés privées. Le *riche* (je me sers de ce mot par comparaison seulement), le riche prend donc plus que sa part en comptant par tête ou par feu, et réciproquement, le *pauvre* ne prend pas toute la sienne. Je mets en fait que, partout, les quatre ou cinq plus pauvres du village ne retirent pas à eux tous, de leurs communaux, autant qu'un seul des propriétaires aisés. Qu'est-ce donc maintenant que cette prétendue propriété du pauvre, dont il profite, au contraire, moins que les autres ? Puisque la jouissance commune ne lui procure pas une part égale, il est donc intéressé au partage qui lui attribuera un lot, et les produits de ce lot le mettront mieux en état de nourrir son petit cheptel.

Les grands propriétaires ne feront pas de résistance au partage, parce que les propriétés qu'ils possèdent déjà leur fournissent les moyens de cultiver, d'améliorer le lot qui leur sera attribué et de se dédommager ainsi d'une perte qui n'est qu'apparente. Comme ils sont moins exposés aux alarmes de la misère, ils raisonnent plus juste et s'opiniâtrent moins dans de faux préjugés.

La mesure du partage que nous allons préconiser profitera donc en même temps à la mise en valeur des terrains communaux et aux intérêts des communistes de toutes les catégories.

Les communaux ne sont pas une garantie contre le paupérisme et la misère ; la preuve en est dans la condition même des populations dans les pays où il existe des propriétés communales. Il y a, là comme ailleurs, autant et peut-être plus qu'ailleurs, des pauvres et des malheureux. Le partage des communaux, en appelant un plus grand nombre d'individus à la condition de propriétaires, aurait pour conséquence inévitable de diminuer le nombre des pauvres, c'est-à-dire de ceux qui ne possèdent rien de la propriété foncière.

Ce serait de nouveaux espaces ouverts à l'activité humaine.

En arrachant à leur état de stérilité et d'abandon ces terrains vains et vagues dont l'aspect et la nudité déshonorent un pays, et en les livrant à l'industrieuse exploitation de la propriété privée, on procurera au travail un immense développement : défrichements, clôtures, desséchements de marais, établissement de prairies, reboisement de montagnes ; que de travaux assurés, dans le présent et dans l'avenir avec cette fixité constante qui n'appartient qu'à la culture de la terre pratiquée pour soi-même sur sa propriété !

DEUXIÈME QUESTION

Les biens communaux aujourd'hui : leur état actuel, en fait et en droit et ses conséquences. — Législation actuelle.

On porte à quatre millions d'hectares, le total de la superficie des communaux en France. Dans ce chiffre de quatre millions, les bois sont compris pour celui de 2.058.707. Le département de la Haute-Vienne en possède 20.000 et celui de la Creuse 60.000.

Nous allons voir comment ils sont traités partout, et particulièrement dans les départements de la Creuse et de la Haute-Vienne.

Non seulement les communaux sont gaspillés, mutilés, mais ils sont envahis, usurpés.

Il se passe, à l'occasion des communaux, des faits qui varient suivant les pays, mais qui ont tous pour résultat de compromettre les propriétés communales.

Dans le département de la Creuse, *les envahisseurs obtiennent une prime, un droit de primauté, de préemption.*

Pour avoir droit à la cession d'une parcelle des communaux, *il faut l'avoir préalablement empiétée, usurpée.*

État actuel : Un pillage presque continuel dépouille les malheureux terrains de leurs gazons et de leurs engrais naturels. La communauté entière vient y prendre sa terre à bâtir, et y pratique des excavations qui ne se comblent jamais. Les surfaces demeurées praticables aux voitures sont sillonnées de chemins dans tous les sens, avec le dédain, on pourrait dire toute la haine qu'inspirerait un sol ennemi. Enfin si, malgré ces causes, le communal donne quelque chétive production, elle est livrée au pâturage de manière à la détruire plutôt qu'à en profiter. Le gros bétail, les bêtes à laine, les chèvres, les porcs et les oies y sont jetées pêle-mêle, les uns ravageant et infectant ce qui aurait pu être pâturé par les autres. Ajoutons que ce terrain ne produit rien du tout pour le particulier sage et soigneux, qui craint de mêler son troupeau à tant d'animaux nuisibles ou suspects de maladies contagieuses. Voilà pour les terrains nus.

Quant aux bois communaux, ils sont soumis à des incon-vénients analogues qu'il est difficile de réprimer à cause des droits d'usage et autres. Exemple, ce qui se passe dans les forêts de la Teste, près d'Arcachon, où les usagers saccagent les bois et font des révolutions.

En outre de ces dépradations, de ce gaspillage, de ces dé-tériorations, il faut ajouter les malversations, les empiéte-ments et l'établissement de servitudes nuisibles qui vont faire de notre part l'objet d'observations et de propositions.

Ce tableau est ressemblant. Eh bien ! vingt mille hectares dans la Haute-Vienne, soixante-mille dans la Creuse, quatre millions d'hectares dans toute la France sont soumis à ce régime. Ils ne donnent pas la dixième partie des produits qu'on en obtiendrait s'ils étaient cultivés sous la féconde influence de l'intérêt privé.

Le mal est donc flagrant ; une loi est nécessaire. Il faut rendre à l'agriculture, restituer à la production tous ces terrains appelés vacants avec tant de vérité. Il faut une me-sure décisive, prompte, *obligatoire*.

*
* *

Le rapport de la situation financière et matérielle des communes, publié en 1881 par le ministère de l'intérieur, contient, entr'autres renseignements, un état par département des biens communaux. Il ressort de cet état qu'à la fin de 1877 ces biens présentaient une superficie de 4.316.310 hec-tares, comprenant 2.058.707 hectares de bois et 2.257.603 hec-tares de terres, dont 1.620.503 étaient productives et 637.100 improductives.

C'était, par rapport à la superficie totale du territoire, un peu plus de 8 %, c'est-à-dire près de un dixième.

On constate d'après le même document qu'en dehors des bois, qui ont subi peu de changements, la superficie des terres appartenant aux communes avait diminué de soixante mille hectares, de 1870 à 1877. La diminution avait porté pour 30.573 hectares, sur les terres improductives.

On constate, d'autre part, en comparant, les chiffres relevés en 1870 et en 1877, que, pendant la même période, il aurait été mis en valeur 15.952 hectares, dont 1.413 pour le département de la Creuse.

On voit, d'après ces chiffres, que la propriété communale tend à se modifier et à se transformer assez rapidement dans certains départements.

Il a été dressé précédemment trois inventaires des biens communaux : le premier en 1847, pour la préparation du projet de loi sur l'amodiation des biens communaux, présenté par le gouvernement le 16 février 1848 ; le second en 1859, à l'occasion du projet de loi sur la mise en valeur des biens communaux, projet qui est devenu la loi du 28 juillet 1860 ; le troisième enfin, en 1863, sur la demande de la commisssion chargée de rechercher les moyens de faciliter et d'étendre l'application de la dite loi.

Une statistique de 1877 a été surtout dressée en vue de constater dans quelle mesure les biens communaux s'étaient transformés depuis 1870. On peut en déduire le mouvement de la propriété communale. Les maires ont pu se tromper sur l'étendue des biens existants, en acceptant des chiffres sans les avoir suffisamment vérifiés, mais ils n'ont pu commettre de grosses erreurs en ce qui concerne les biens aliénés pendant les dernières années, lesquels biens ont été nécessairement arpentés au moment de l'aliénation.

Quoi qu'il en soit, on constate entre les quatre inventaires de 1847, 1859, 1863 et 1877 des différences notables, que ne sauraient expliquer les modifications dans l'état des propriétés, et qui ne peuvent provenir que d'erreurs matérielles ; telles sont notamment des différences en plus qui sembleraient indiquer qu'un assez grand nombre de communes auraient vu s'accroître leurs domaines, ce qui n'est pas admissible. Non seulement l'accroissement est impossible, mais il est constant que, de 1847 à 1859, il a été fait de nombreuses ventes-partages, surtout dans les départements du centre.

De 1859 à 1863, c'est-à-dire dans un espace de quatre années, il y aurait eu une diminution de 185.000 hectares, dont 12.567 sur les bois, 27.283 sur les terres labourables et 145.545 sur les pâtures.

Par rapport à 1863, l'état de 1877 accuse une nouvelle diminution de 422.148 hectares, représentant une diminution de 754.411 hectares sur les terres, compensée par une augmentation de 322.263 hectares sur les bois.

Les éléments des quatre opérations présentent des différences plus ou moins grandes, qui ne permettent pas de se servir de ces documents pour apprécier la transformation de la propriété communale ; et, d'autre part, on chercherait vainement ailleurs des renseignements quelque peu complets sur cette question.

Dans son livre sur les *sections de communes*, M. Aucoc indique qu'au ministère de l'intérieur on évaluait l'étendue des biens communaux aliénés, de 1852 à 1862, à 3.000 ou 4000 hectares en moyenne, chaque année, ce qui représenterait un total de 35.000 hectares et de 70.000 hectares, si on appliquait ce chiffre à la période de 26 années, de 1847 à 1870. De 1870 à 1877, la moyenne aurait été beaucoup plus élevée : elle aurait atteint 10.000 hectares par an. Il est certain que le mouvement s'est beaucoup accentué dans quelques départements ('). M. Juillet Saint Léger, secrétaire général du département de la *Creuse*, où ce mouvement a pris de grandes proportions, a publié sur ce sujet un très intéressant travail dans les livraisons de juin, juillet et Août 1882 de la *Revue*. — Il a dit, d'un autre côté, dans le rapport de 1877, que de 1856 à 1876, c'est-à-dire dans un espace de vingt ans, il avait été aliéné près de 10.000 hectares de bois appartenant aux communes et aux établissements publics, dont 1.300 hectares pendant les six dernières années. Des reboisements avaient été exécutés sur 49.000 hectares de

---

(1) Malgré nos efforts, nous n'avons pu nous procurer le livre de M Aucoc. D'après nos notes qui sont anciennes, l'auteur a traité utilement les questions d'origine, de constitution, de droits, d'aliénation, d'administration des sections.

terres communales et des mises en valeur par assainissement
sur 30.000 hectares.

Le domaine communal tend à diminuer progressivement
par suite des aliénations opérées çà et là pour pourvoir à
des dépenses publiques. Cependant ce n'est pas à ces opérations que l'on peut attribuer la grande diminution. Elle est,
selon toute apparence, la conséquence des partages ordonnés
par la loi de 1893, qui n'ont pas été exécutés partout, mais
qui l'ont été dans le pays où les bois communaux se prê-
taient au morcellement et à l'appropriation individuelle.

Le domaine communal s'est conservé ou a disparu, suivant
qu'il était plus ou moins propre à la jouissance commune.

Législation actuel e. — La révolution a attaqué de front
le principe des substitutions, le principe de l'indivisibilité
des biens ; et la loi du 14 août 1792, ainsi que le décret du
10 juin 1793, a proclamé *l'émancipation* des communaux.

La loi de 1793 attribuait la propriété des communaux aux
communes ou sections de communes dans le territoire desquelles ils étaient situés. Elle ordonnait le partage entre
tous les habitants de tout âge, de tout sexe, fermier, métayers,
valets de labour, domestiques, etc.

L'exécution de cette loi était difficile. Le partage par tête
était dangereux. On en comprit bien vite les inconvénients,
et, le 21 prairial an IV, il intervint une loi qui, pour arrêter les funestes effets de la loi du 10 juin 1793, maintint
dans leur jouisssance tous les possesseurs des communaux,
et ordonna de surseoir provisoirement à toutes actions et
poursuites résultant de la loi de 1793, sur le partage des
biens communaux.

Une autre loi, du 9 ventôse an XII, et un décret du 9 brumaire an XIII, ont ensuite développé la loi de l'an IV.

La loi du 18 juillet 1837 a attribué aux conseils municipaux, le droit de régler la jouissance des biens des communes ; mais ils n'ont pas usé de ce droit. Aucune loi ne
leur permettait, en effet, de résoudre les nombreuses difficultés que présentait tout règlement de jouissance. La loi
de 1793 était maintenue en principe, en tant qu'elle contenait
dévolution de propriété aux communes ou sections de communes ; mais elle était abrogée ou suspendue quant à l'exé-

cution, c'est-à-dire quant au mode de jouissance, de partage, d'attribution. Les conseils municipaux se seraient heurtés à chaque pas contre les obstacles. La question est restée pendante.

Aujourd'hui, dans chaque contrée, les communaux sont régis et soumis à la jouissance, d'une manière différente, suivant les usages et les besoins des communistes. Leurs règles sont anciennes, souvent bizarres. Les lois qui les régissent sont locales ; elles sont le plus souvent inapplicables et tombent en désuétude. Les règlements, les arrêtés préfectoraux, les usages sont choses particulières. La vente ne peut en être effectuée que par décrets. Le partage n'en est pas autorisé ; mais on a tourné la difficulté en admettant un mode dont la définition est choquante : c'est le partage *à titre onéreux*, qui a pour effet de faire passer, dans certaines circonstances, à des communistes, la propriété de terrains communaux, moyennant un prix réduit.

Il est utile de constater hautement la différence trop méconnue qui existe entre les communaux appartenant à une commune entière et ceux appartenant seulement à une section de commune. La vérité est, que les habitants des sections de commune sont propriétaires à titre exclusif de leurs communaux, et que la commune ne peut ni directement, ni indirectement y prétendre aucun droit, aucune part. Dans la Haute-Vienne, la vente des communaux de Saint-Yrieix vient d'être faite au prix de 23.000 francs, dont 3.000 sont attribués à la réparation des chemins de la commune. Les autres 20.000 francs sont entrés dans la caisse municipale. C'est une spoliation des sections de communes au profit de la commune.

Jusqu'à présent, on a paru confondre, sous la dénomination générale de biens communaux, les biens des communes et ceux des sections. Leurs droits et leurs règles sont bien différents.

Cette distinction doit avoir une grande influence sur la solution des questions qui nous occupent. Les biens communaux appartenant aux communes, c'est-à-dire à l'universalité des habitants de la commune, ont une destination générale d'intérêt public ; ils sont administrés par l'autorité municipale ; quel que soit leur sort, ils profitent directement ou indirectement à l'agrégation.

Supposez, en effet, l'amodiation ou la vente de ces biens. Le prix de ferme ou le prix d'aliénation, tombant dans la caisse municipale, employé en travaux d'utilité générale, est réparti entre tous, et la famille entière profite de l'aliénation comme elle profitait du bien lui-même.

Pour leur mise en valeur, on aurait plusieurs moyens, parce que les communes constituent une unité administrative qui a son organisation propre, ses représentants officiels, son budget et sa caisse et qui a, par suite, à sa disposition tous moyens d'action qu'aurait un simple particulier.

Il n'en est pas de même des communaux de sections.

Pour eux, au contraire, il n'y a qu'une seule manière de les mettre en valeur : c'est de les partager en nature. Pourquoi ? Parce que avec tout autre système, on verrait immédiatement surgir une foule de difficultés nées de la constitution même de la section communale, qui puise sa raison d'être dans sa qualité de propriétaire, mais qui n'a, en dehors de cette qualité, aucune existence légale, aucune organisation particulière, qui n'est représentée par aucun agent spécial, et qui, n'ayant ni budget, ni caisse, ne peut se lancer dans aucune des opérations autres que le partage.

La mise en valeur des communaux par l'amodiation pourrait être appliquée aux biens des communes, mais non à ceux des sections. Que pourrait-on faire du prix de la ferme ? Il ne peut pas être attribué à la commune ; on ne saurait songer à le distribuer entre les différents membres de la section considérés *ut singuli*. Comme la section n'a pas de caisse, il faudrait l'employer chaque année à la satisfaction des besoins propres à la section, si elle en a, ou à l'amoindrissement proportionnel des charges pouvant peser sur elle, et ce serait une atteinte portée à *l'unité communale*.

Si la mise en ferme peut être préférée au partage pour les biens communaux proprement dits, le partage doit être préféré toujours à l'amodiation pour les biens appartenant aux sections.

Ces biens ont un caractère privé ; ils proviennent même, pour la plupart, de démembrements récents de propriétés particulières ; ils sont affectés à des intérêts et des besoins individuels. Ils ne sont pas la propriété de tous les membres de la famille communale ; ils sont la propriété de quelques-uns, et appartiennent aux seuls habitants des villages dans les territoires desquels ils sont compris, sans droit aucun pour la commune proprement dite. Donc, employer les revenus de ces communaux privés à des réparations d'intérêt communal, à faire des voies nouvelles de communication, par exemple, ce serait dépouiller la section au profit de la commune.

Ce serait dépouiller la section, car la section a un droit de propriété exclusif et inviolable, aussi exclusif, aussi inviolable que celui des propriétés particulières.

Les biens communaux, a dit la loi de 1793, sont ceux sur la propriété desquels tous les habitants d'une commune ou d'une section de commune ont un droit commun.

« Article 1er, section IV. — Tous les biens communaux sont et appartiennent de leur nature à la généralité des habitants ou membres des communes, des sections de communes dans le territoire desquelles ces communaux sont situés. »

Enfin la loi de 1837, elle-même, a dit, article 6 : « La section de commune réunie à une autre commune emporte la propriété des biens qui lui appartiennent ».

Les sections de communes agissent, en effet, comme propriétaires de leurs communaux.

Elles en paient l'impôt, en perçoivent exclusivement les fruits, plaident seules à leur occasion.

En cas d'insuccès, ce n'est pas le budget de la commune qui fournit aux frais ; ce sont les habitants seuls de la section qui se cotisent et liquident les dépenses de la guerre.

Si le communal a besoin de grosses réparations, ce n'est pas la caisse municipale qui fournit à ses besoins : ce sont les seuls habitants de la section.

A quel titre donc, une loi viendrait-elle, confondant dans une même pensée, dans un même intérêt, les communaux appartenant aux communes et les communaux appartenant aux sections, ordonner l'amodiation ou la vente au profit des caisses municipales ?

Mais on dit : la propriété des communaux est grevée d'une espèce de substitution éternelle. En donnant le droit de provoquer le partage entre les habitants, la loi de 1793 a méconnu le principe fondamental des communaux ; elle a privé les communes, d'un seul coup, des ressources nécessaires à l'avenir ; elle a dépouillé la commune, être moral, au profit des individus.

Cela est vrai. Les substitutions et les biens de main-morte ont été abolis. La loi de 1793 a rejeté les principes qui avaient dicté l'ordonnance de 1659. La législature moderne a refusé d'admettre l'idée d'un usufruit perpétuel. Le législateur de 1793 a compris autrement que l'ancien régime, l'intérêt des générations futures. L'abus des communaux, les vices de l'indivision, la plaie des substitutions étant constatés, le législateur a pensé que l'intérêt des générations futures était de tuer le mal dans le présent ; de supprimer l'indivision ; d'appeler à l'aide de l'agriculture, c'est-à-dire de l'avenir, l'effort puissant de l'intérêt privé ; d'attribuer la propriété aux communes et aux sections ; et, comme une des conditions de la propriété est de pouvoir en disposer, la loi de 1793 a ordonné le partage des communaux.

Or, la loi de 1793 n'est pas abrogée. L'exécution seule de cette loi est suspendue. La dévolution de propriété qu'elle contient, dévolution absolue, sans condition de redevance, sans réserves contre la section au profit de la commune ou des générations futures, a été respectée, consacrée par une possession de plus d'un siècle.

Une loi nouvelle ne pourrait donc aujourd'hui méconnaître les droits acquis, revenir au principe des substitutions, maintenir le système mortel de l'indivision.

Mais cela fût-il possible, la loi ne pourrait pas au moins confondre les biens de la commune avec ceux de la section, et ordonner l'amodiation ou la vente au profit des caisses municipales ; car, alors, la loi ne consacrerait plus un principe ; elle ordonnerait une spoliation.

LÉGISLATION ET JURISPRUDENCE
Spéciales aux Communaux

Années	Dates	DOCUMENTS ET MOTIFS
1659		Ordonnance pour les biens de main-morte ; substitution pour les communaux.
1771 1773 1793		Arrêts du Conseil.
1762 1774		Édits.
1792 1793	14 Août 10 Juin	Émancipation des communaux. — Attribution aux communes et aux sections de communes. — Partage.
An IV	21 Prairial	Maintien en possession. — Sursis au partage.
An XII	9 Ventôse	Dévolution aux communes et aux sections de communes.
An XIII	9 Brumaire	Décrets qui développent et expliquent la loi de l'an IV.
1807		Avis du Conseil d'Etat favorable au partage par feux.
1808		Autre avis du Conseil d'Etat dans le même sens. — Plusieurs arrêts de la Cour de Cassation aussi dans le même sens. Code Napoléon.
1811	9 Avril	Les départements, les communes et les sections de communes sont mis en possession des communaux.
1837	18 Juillet	Loi qui attribue aux conseils municipaux le droit de régler la jouissance des biens communaux.

LÉGISLATION ET JURISPRUDENCE
Spéciales aux Communaux (*Suite*)

Années	Dates	DOCUMENTS ET MOTIFS
1838	16 Mars	Avis du Conseil d'Etat.
1856	4 Novembre	Arrêts du Conseil d'Etat rendus au contentieux qui décident que le maire et le conseil municipal administrent les biens des sections, mais qu'ils n'y ont aucun droit de prélèvement.
1857	17 Mars	
1859	10 Février et 5 Mars	
1860	2 Février	
1860	28 Juillet	Mise en valeur des communaux.
1864	4 Août	Avis du Conseil d'Etat.
1884	5 Avril	Loi sur l'organisation municipale qui conserve aux sections de communes leurs droits de communaux.

TROISIÈME QUESTION

Y a-t-il lieu à une réforme dans la législation des biens communaux, et dans quel sens ? — Faut-il supprimer les communaux ? par quel moyen ?

Parmi les réformes qui ont, pour la France, un caractère spécial d'opportunité, il faut placer en première ligne celle de la législation des biens communaux et, comme conséquence, leur suppression par le partage en nature gratuit et obligatoire. C'est une mesure qui s'impose.

La réforme dans la législation est difficile parce que, à vrai dire, il n'y a pas sur ce sujet, de législation bien établie ; tout varie à l'infini. C'est ce que nous avons vu à la deuxième question.

Suppression des communaux.

L'existence des biens communaux est contraire à toutes

les indications de la raison, de la science économique, de la théorie agricole.

Pour en comprendre tous les inconvénients, il suffit de comparer les biens indivis avec ceux exploités par les particuliers ; il suffit de voir la position déplorable dans laquelle se trouvent tant de communes riches de communaux et néanmoins tellement pauvres, qu'elles ne peuvent faire face au moindre de leurs besoins (circulaire ministérielle du 6 août 1836). Il suffit de jeter un regard sur ces bruyères stériles, ces landes désolées, où les ruisseaux ravinent le sol, où les sources ne produisent que de dangereux bourbiers. Nous voyons aussi des bois communaux coupillés, ravagés sans ménagement par les usagers. Nous avons vu, à propos de l'état actuel des communaux, à la deuxième question, le tableau triste, mais ressemblant de ces terrains ; eh bien ! 4 millions d'hectares dans la France en général, et en particulier 20 mille hectares dans la Haute-Vienne et 60 mille hectares dans la Creuse sont livrés à ce régime.

Quatre millions d'hectares de biens indivis ne donnent pas la dixième partie des produits qu'on obtiendrait s'ils étaient cultivés sous la féconde influence de l'intérêt privé.

Nous l'avons dit, le mal est flagrant ; une loi est nécessaire. Il faut rendre à l'agriculture, restituer à la production tous ces terrains appelés *vacants* avec tant de vérité. Il faut une mesure prompte, décisive, obligatoire.

Pour en jeter les bases, il faut examiner la législation actuelle, telle que nous l'avons présentée à la deuxième question.

Comment donc le régime des communaux sera-t-il modifié aujourd'hui ?

Comment la loi de 1793 sera-t-elle exécutée ?

Comment les terrains indivis et stériles seront-ils rendus à la culture ?

Sera-ce par l'amodiation, la vente ou le partage ?

En cas de partage, comment sera réparti le sol ?

Par *tête*, par *feu*, *au prorata de la contribution foncière* ou sur les bases combinées de la contribution, de la tête et de l'habitation, par classes ou catégories de propriétés ?

Voilà les difficultés à résoudre, voilà le problème ; c'est la réponse à faire à la troisième question.

Nous avons posé les principes en examinant la législation actuelle. Cherchons les moyens de supprimer les communaux, surtout ceux des sections.

L'amodiation présente des difficultés de plusieurs sortes. Le fermier étant trouvé, comment pourra-t-on lui assurer la jouissance du communal ? Il ne faut pas se le dissimuler, quelles que soient les précautions prises, les habitants des sections verront dans le fermier un usurpateur de leurs communaux ; ils troubleront sa jouissance, contrarieront ses projets, détruiront ses récoltes ; et bientôt le fermier, lassé, demandera la résiliation de son bail, laissant les biens communaux de la section livrés au même pillage et aux mêmes abus.

En admettant de la part des habitants de la section, une réserve qui n'est pas dans les mœurs de nos campagnes, comment le prix du bail sera-t-il distribué ? La section n'a pas de représentant ordinaire, pas de receveur municipal, pas d'administration organisée. Chaque année, il y aura des mutations : un ayant-droit disparaîtra pour faire place à un autre, et alors commenceront les disputes, les procès.

Mais le plus grand inconvénient ne sera-t-il pas de perpétuer le fatal état d'indivision ? Est-ce que le fermier aura des ressources suffisantes pour féconder le sol ? Est-ce qu'il trouvera dans la seule perception des revenus un stimulant assez vif, une récompense suffisante à ses labeurs ? est-ce qu'il voudra, par des travaux d'irrigation, par des dépenses nécessaires, créer un capital qui ne profiterait pas à sa famille ? Nous ne le pensons pas. Les biens affermés, épuisés par un premier effort, seraient restitués à la commune dans un état plus déplorable que celui où ils étaient au moment du bail, et l'amodiation n'aurait d'autre résultat que de compliquer davantage, pour l'avenir, les difficultés du partage.

La vente ne serait-elle pas pire encore ?

Le grand propriétaire voisin des communaux pourrait seul acheter. L'argent, distribué par petites sommes, ne profiterait même pas au pauvre habitant, et serait seulement pour lui une cause momentanée de dangereux désordres.

Reste donc le partage en nature, et c'est pour ce dernier mode que la majorité des opinions s'est prononcée dans tous les temps, et c'est celui que nous proposons nous-mêmes (1). Le partage en nature a l'avantage de substituer véritablement l'effort de l'intérêt privé à l'inertie de la possession en commun. Gardien vigilant de ses moindres intérêts, utilisant ses plus petites ressources, le propriétaire habitant de section saura tirer un admirable parti du petit lot qui viendra compléter sa maison et son jardin. Il l'entourera de haies, de fossés ; il plantera des arbres, et, l'œil ouvert sur les essais de ses voisins, il n'hésitera pas à employer les procédés nouveaux, si un succès paraît constaté.

Le partage en nature est d'ailleurs dans l'esprit de nos institutions. Nos codes en ont reconnu l'avantage. Le lien du sol n'est-il pas le seul moyen d'empêcher l'invasion des villes par les habitants des campagnes, et de conserver des bras à l'agriculture ?

Le danger du morcellement est une objection sérieuse.

Nous proposerons des proportions et lorsque la part d'un ayant droit ne sera pas de 15 ares au moins, nous renoncerons au partage pour venir à la licitation.

Nous repoussons l'amodiation et la vente ; nous choisissons le partage.

Reste une difficulté dernière : Comment seront faites les parts ? dans quelles proportions le sol sera-t-il divisé entre les ayant-droit ?

Le partage se fera-t-il par tête, au prorata de la contribution foncière ; par feu, ou sur les mesures combinées de la contribution, de l'individu et de l'habitation ?

Le partage par tête fut le mode adopté par la loi de 1793, le partage sans distinction d'âge, de sexe, de condition, au profit des fermiers, métayers, locataires, valets de labour, etc. etc.

Ce système était l'exagération des idées dominantes. Le

---

législateur de 1793 voulait, en individualisant, en quelque sorte, la propriété communale, augmenter le nombre des citoyens actifs, et rompre de plus en plus les liens qui rattachaient encore au régime détruit. Mais le moyen était trop énergique : le partage par tête dépassait le but. Un député de la Creuse le qualifia de barbare, de délétère. La loi de l'an IV en fit justice.

Depuis cette époque, le partage par tête a été partout repoussé.

Le partage au prorata de la contribution foncière semble d'abord le mode le plus équitable, le plus rationnel. Plus la propriété est grande, dit-on, plus elle use de communal ; plus l'habitant de la section a de têtes de bétail, plus il jouit du commun. Le contraire de ce qui apparaît d'abord, existe-t-il en réalité ?

Le partage au prorata de la contribution foncière est, en effet, basé sur la possession, la jouissance. Or, en matière de communaux, nous avons vu à la première question ce qu'il en est de la jouissance des communaux par le grand et le petit propriétaire. Nous allons démontrer que le partage par feu est le plus équitable, en établissant comme il a été fait pour les bois du Nouhaud des classes ou des catégories de propriété.

Nous avons dû repousser la base de la contribution foncière, parce qu'elle eut absorbé le communal au profit de la grande propriété.

Partage par feux.

Nous avons adopté le partage par feu : on entend par feu, dit M. Dalloz, toute personne ayant ménage particulier.

C'est ce que nous apprend l'encyclopédie méthodique, V. feu, en ces termes : « Feu signifie quelquefois ménage, et il est pris en ce sens dans la plus grande partie du royaume. » Cette expression comprend, comme on voit, les célibataires comme les gens mariés. C'est aussi la remarque de M. de Cormenin, page 368.

Le feu, c'est l'habitation distincte, indépendante ; l'habitation occupée par le propriétaire ou par un mandataire, fermier, colon, bordier, etc.

Avant la loi de 1793, lorsqu'il était dérogé, par hasard, au principe de l'inaliénabilité des biens communaux, le partage par feu était généralement adopté. Les édits de 1762 et 1774, les arrêts du conseil de 1771, 1773 et 1777 sont là pour l'attester.

En 1807 et 1808, le conseil d'Etat, consulté sur la question de savoir quelle devait être la base d'après laquelle deux communes propriétaires par indivis d'un bien communal, devaient le partager entre elles, fut d'avis que ce partage devait être fait en raison du nombre des feux par chaque commune. Plus tard, il a été jugé de même par de nombreux arrêts de la cour de cassation.

Enfin, le bon sens public, d'accord avec la loi, avec la jurisprudence, a adopté le partage par feu. Beaucoup de communaux ont été partagés. Dans plusieurs localités, les habitants propriétaires de la section se sont réunis, et, d'accord, ont divisé les communaux de la section. Ils ont toujours pris pour base le feu, l'habitation.

Toute autre mode serait, en effet, impopulaire, provoquerait le mécontentement des propriétaires-cultivateurs, empêcherait la bonne et facile exécution d'une loi qui doit rendre à l'agriculture et au pays de véritables services.

Pour faire une bonne loi, il faut tenir compte des sentiments des populations, des faits essentiels hautement exprimés par l'opinion publique.

Nous avons démontré que l'amodiation au profit de la commune serait une spoliation. Est-il besoin de démontrer encore que l'amodiation au profit de la section est tout simplement une impossibilité ?

Quelles sont les sections, dans notre pays, qui ont pour leur usage particulier un établissement quelconque, une maison d'école, une église, etc., etc. ?

Quelles sont les sections qui, pour leur service exclusif, ont besoin de chemins ? En admettant que la section, avec ses revenus privés, entreprenne certains travaux, que deviendront ces travaux, à qui appartiendront-ils ? Seront-ils propriétés privées ou propriétés communales ?

Enfin, l'amodiation même au profit de la section ne sera-t-elle pas toujours l'amodiation avec tous les inconvénients que nous avons signalés? Ne sera-t-elle pas la perpétuité de l'indivision avec tous ses dangers, tous ses abus?

Profitons des leçons du passé, des enseignements du bon sens public, et disons que le partage par feu est encore le seul mode équitable et possible pour la transformation des biens communaux de section.

Le partage serait obligatoire.

Les feux établis dans l'année de la promulgation seraient seuls exceptés du partage.

Tous les partages effectués déjà par les communes seraient maintenus, consolidés par la loi nouvelle.

Toutes les servitudes acquises seraient respectées.

Enfin les terrains communaux appelés courtillages seraient laissés dans l'indivision, comme nécessaires à toutes les exploitations particulières.

Le partage par feu fait la part trop large à l'habitant pauvre, à la petite propriété. Il faut des catégories (1).

Nous avons repoussé la combinaison par la contribution. Le pauvre ne pourrait pas croire à une équitable répartition, si la mesure de la propriété foncière venait s'étendre sur le communal.

Cette difficulté, nous paraît avoir été réglée équitablement par l'établissement de classes ou catégories de propriétés accepté pour le partage des bois du Nouhand ainsi que nous allons le présenter aux pages suivantes.

En 1863, M. le Ministre de l'intérieur a invité les départements à donner leur avis sur le mode de mise en valeur ou de transformation des biens des *sections* de communes qui seraient le plus appropriés aux besoins du pays. Dans les départements de la Creuse et de la Haute-Vienne, on n'a pas hésité à demander le partage en nature, à titre gratuit et obligatoire, comme étant le plus conforme à la nature et à l'origine de ces biens, et le mieux approprié aux usages locaux, ainsi qu'aux conditions et aux nécessités agricoles du pays.

Nous affirmons par un *exemple personnel* la vérité de ce

(1) Comme par exemple, il en a été établi, pour le partage des bois du Nouhaud, p. 125.

que nous venons de dire et de ce que nous dirons dans ce
chapitre sur les communaux :

D'un acte passé devant Me Rouchon, notaire à Bourganeuf
le 2 mai 1836, il a été extrait ce qui suit :

« A la suite de longues discussions entre l'ancien seigneur
comte du Dognon et les habitants du village de Nouhaud,
sur la propriété des bois et forêts qui dépendent de ce village et qui sont situés dans le territoire de la commune de
Saint-Pierre-Chérignat, il intervint entre eux le vingt avril
de l'année seize-cent-cinquante-neuf, un traité en forme authentique, par lequel ledit seigneur, comte du Dognon
donna et délaissa aux dix-neuf habitants qui tous y sont
nominativement désignés, tous lesdits bois et forêts, moyennant la somme de quinze livres d'arrentement annuel et
perpétuel, pour *par lesdits habitants et les leurs*, y est-il
dit, *en jouir et disposer à leur bon plaisir et volonté.*

C'est en vertu de ce titre que les habitants du Nouhaud y
désignés sont devenus propriétaires de ces bois et forêts,
qui sont aujourd'hui connus sous le nom de bois de Nouhaud.

Ils ont toujours été jouis depuis dans l'indivision, par les
héritiers ou représentants de ces dix-neuf habitants qui seuls,
s'ils étaient connus, pourraient prétendre à la propriété promiscue de ces mêmes bois.

Mais plus de deux cents ans se sont écoulés depuis ce
traité et les noms de ces habitants ont presqu'entièrement
disparu, en sorte qu'il serait bien difficile aujourd'hui, pour
ne pas dire impossible, d'établir, soit leur descendance,
soit la transmission de leurs propriétés par voie d'aliénation.

Dans cet état de doute et d'ignorance, les propriétaires
actuels de Nouhaud, qui tous figurent comme portés au présent acte, ou y sont légalement représentés, ont fait jusqu'à
ce jour, acte de propriété dans cette forêt et dans les pacages qui en dépendent, soit en y prenant du bois pour leur
chauffage et l'entretien de leurs héritages, soit en y faisant
paître leurs troupeaux.

Mais cette jouissance indivise étant devenue un sujet de
contestations entre les habitants de Nouhaud, dont les uns
se prétendaient seuls propriétaires de ces bois par repré-

sentation des dix-neuf habitants dénommés en l'acte de seize-cent-cinquante-neuf, tandis que les autres soutenaient, au contraire, que ces bois étaient communs à la généralité des habitants du Nouhaud, puisqu'aucun d'eux ne pouvait suffisamment y établir son droit de propriété ; les parties étaient sur le point d'''en venir à un procès qui aurait occasionné des frais énormes, lorsque par l'avis de conseils sages et éclairés, elles se sont rapprochées pour traiter amiablement ensemble et, par suite, faire opérer la division de ces biens entre elles.

En conséquence, il a été fait arrêté ce qui suit :

1º Les bois et pacages du Nouhaud sont reconnus propriété privée et indivise entre tous les comparants susnommés. Ceux d'entre eux qui voulaient les faire déclarer biens communaux renoncent à cette prétention, en présence d'un titre constitutif de propriété privée, quoique promiscue, tel que celui de seize-cent-cinquante-neuf.

2º Il demeure convenu que le pacage ou ribière des Vergnes en son entier, ainsi que le bois dont il est garni, demeurera indivis entre les comparants, pour être par eux, joui de même.

3º Les bois de Nouhaud seront partagés entre les comparants, suivant la distinction qui va être établie. Comme il est impossible, ainsi qu'on l'a dit plus haut, de reconnaître ceux d'entre les comparants qui représentent soit par voie d'hérédité, soit par toute autre voie de transmission, les dix-neuf propriétaires primitifs desdits bois du Nouhaud, et par suite, de déterminer les droits de chacun [sur ces bois, les parties ont d'un commun accord, formé, en prenant pour bases la valeur et l'étendue des propriétés et par conséquent les besoins de chacunes d'elles, deux classes principales de propriétaires : dans la première, qui comprend ceux dont les biens immeubles sont les plus considérables audit village du Nouhaud, ont été portés :

(Suivent les noms de 11 propriétaires, formant ensemble 11 têtes, ayant droit a autant de portions égales.)

La seconde classe, composée des petits propriétaires comprend :

(Suivent les noms de 21 propriétaires.)

4º Il demeure convenu que la part de chacun de ces petits propriétaires sera de soixante-quinze ares, ou trois septerées, ancienne mesure de Bourganeuf, ce qui fait qu'il leur est attribué, en totalité dans les bois du Nouhaud, une étendue en superficie de quinze hectares soixante-quinze ares. Le surplus desdits bois, appartiendra exclusivement aux onze grands propriétaires susnommés, entre lesquels la division en sera faite par égales portions après la distraction dont il sera ci-après parlé.

(Suivent des conventions qui règlent le partage.)... »

Cet acte répond aux questions posées.

Par son exécution, les propriétaires dans les sections du Nouhaud ont fait opérer le partage et se sont mis en jouissance, chacun pour sa part.

A la suite de ce partage, les propriétaires des bois de Nouhaud ont eu à supporter un procès qui leur a été intenté par les propriétaires de Pourrioux, qui trouvaient que le morcellement nuisait à la servitude de pacage qu'ils avaient dans lesdits bois. Cette difficulté a été réglée par une transaction qui a donné les rivières en toute propriété aux propriétaires de Pourrioux, qui ont renoncé à tous droits sur les bois.

A ce propos, il a été présenté par les parties des documents curieux par leur ancienneté. L'acte de 1836 en rappelle quelques-uns. Nous attirons l'attention sur le titre de 1463, écrit en latin, dans lequel le mot *personaliter* est répété plusieurs fois, et sur celui de 1659, qui porte vente des bois à 19 propriétaires du Nouhaud. Ces deux titres indiquent suffisamment l'origine et le caractère privé de ces bois, qui sont devenus plus tard communaux de la section de Nouhaud. Enfin l'acte de 1836 établit le partage *par feux*. Le tout est à l'appui de ce que nous venons de dire sur les communaux.

Le partage que nous préconisons doit être appliqué aux biens appartenant aux sections de communes; quant à ceux qui appartiennent aux communes, ils sont soumis à d'autres règles, et, si le partage en est défendu, les municipalités peuvent, comme nous l'avons indiqué, avoir recours à l'amodiation et à la vente. Seulement le partage réussirait mieux.

— 31 —

Les conclusions que nous allons formuler sont conformes
à tout ce qui a été dit et fait sur la question, dans tous les
temps et plus particulièrement au commencement de ce siècle,
en 1889 au congrès international de la propriété foncière,
et à la commission extraparlementaire du cadastre. Voilà
leur tendance :

CONCLUSIONS.

1º Qu'une nouvelle loi ordonne immédiatement le partage
en nature de tous les biens composant le domaine communal
des sections ou villages.

2º Que cette loi reconnaisse et proclame le droit dis-
tinct et exclusif des sections de commune aux biens qui
leur appartiennent, et repousse en conséquence toute forme
de prélèvement au profit de la commune entière sur les
communaux de la section.

3º Que le partage soit fait par feu existant depuis un an
au moins avant la promulgation de la loi.

4º Que la licitation remplace le partage en nature, chaque
fois que le résultat du partage sera d'attribuer à chaque
ayant-droit une part inférieure à 15 ares.

5º Que les partages effectués déjà soient maintenus, et les
servitudes acquises, respectées ;

6º Que les terrains communaux appelés courtillages, soient
laissés dans l'indivision, comme nécessaires à toutes les exploitations particulières.

Une législation de cette nature est d'autant plus nécessaire
que les partages à titre gratuit ou moyennant un prix minime ont lieu fréquemment avec la sanction de l'administration, bien qu'ils soient interdits par loi, et que, ne pouvant être entourés de garanties suffisantes, ils ont lieu con-
trairement à l'intérêt public et aux règles de l'équité. La
vente des communaux de Saint-Yriex (Haute-Vienne) qui
vient d'être faite et dont nous avons parlé à la page 112 est
un exemple typique de la spoliation des sections de commune et de la dilapidation des communaux en général.

Nous exposons plus loin, au titre du bornage, la nécessité
de borner les communaux et les talus de routes.

Délimitations. — Bornages. — Vues générales.
Législation — Loi du 17 mars 1898.

Délimiter c'est rechercher les limites, les fixer.

Borner, c'est assurer la délimitation par des signes apparents, fixes, qui sont délimitatifs; titres muets accompagnés de titres écrits qui les décrivent et les expliquent.

Délimitations-Bornages.

C'est avec intention que nous mettons un trait d'union à ces deux mots ; ils sont liés l'un à l'autre.

Ils représentent des choses différentes, néanmoins souvent confondues à cause de leurs affinités.

On se sert beaucoup du mot délimitation pour calmer les craintes éphémères de ceux qui sont effrayés par le bornage.

On a beaucoup discuté sur la différence entre la délimitation et le bornage.

Cette différence est, dans beaucoup de cas, plus spécieuse que positive. Cependant elle existe. On pourrait dire que la délimitation est le moyen ; que le bornage est le résultat.

Délimitation.

La délimitation est l'acte, le fait par lequel les limites sont fixées ; elle est le préliminaire indispensable du bornage.

La délimitation peut être faite dans certains cas sans le bornage.

La délimitation administrative qui fixerait, rectifierait ou changerait les limites des départements, arrondissements. cantons et communes n'aurait pas besoin d'être suivie de bornage ; il suffirait qu'elle fût constatée par des documents administratifs, unilatéraux. Il en serait autrement, s'il s'agissait de fixer les limites entre les Etats, entre les propriétés de l'Etat français, celles soumises à l'autorité et à la surveillance du gouvernement et les propriétés contiguës. — Il y aurait alors nécessité de bornage, après délimitation contradictoire ; le contrat de bornage deviendrait synallagmatique. Il confirmerait la délimitation ; s'il s'agissait du bornage international, nous verrions les préliminaires qui ont eu lieu et les précautions qui ont été prises pour les délimitations d'Algérie, d'Espagne, d'Allemagne après la guerre de 1871, et aujourd'hui du Tonkin et de Madagascar.

Bornage.

Le bornage est en même temps le corrollaire et la consécration de la délimitation *finium regundorum* des Romains. Il est le contrat juridique qui enveloppe la délimitation, la précède par des préliminaires, des engagements, des conventions ; il la suit pour lui donner en dernier lieu la physionomie, la fixité, la force juridique. Il consacre la volonté des parties.

Ce contrat, quand il intéresse les Etats, les nations, est soumis aux règles particulières du droit international ; quand il est administratif, il obéit à d'autres règlements, et, quand il se rapporte à la délimitation des propriétés particulières contiguës, il est régi par le code civil. — Il peut être, dans ce dernier cas, fait par actes sous signatures privées, par actes notariés, par procès-verbaux ou jugements du juge de paix.

Le bornage est la constitution et la consolidation du droit de propriété.

Le bornage détermine la propriété de chacun ; la confirme dans son intégrité ; il a pour objet d'empêcher ou de réprimer les empiètements ; il fait cesser la promiscuité et forme la garantie et comme le couronnement de la propriété immobilière.

Le bornage n'intéresse pas seulement les particuliers, l'ordre public y est aussi éminemment engagé. Il importe, en effet, au plus haut degré, dans l'intérêt général, que les limites des propriétés soient bien arrêtées ; il n'y a pas de propriété bien assise sans un bon système de bornage.

Le bornage n'est pas un droit, c'est une opération, un fait auquel tout propriétaire a droit.

L'article 646 du code civil constate le droit à cette opération qui ne peut être refusée ; elle se fait amiablement ou judiciairement. Les formes de son accomplissement varient suivant les pays et les circonstances.

Bornage et droit au bornage sont souvent confondus. N'équivoquons pas sur les mots. Admettons que le bornage soit un droit au bornage et faisons du bornage général, collectif et particulier.

Tous les fonds de terre sont sujets au bornage.

Tous les propriétaires, tous les représentants sont acceptés dans les opérations de bornage amiable.

Nous ne nous inquiétons pas de savoir à qui appartient, à qui compète l'action en bornage ainsi que la défense au bornage.

Certaines pages qui vont suivre ont été prises en grande partie dans le livre de M. Noizet. Nous les avons modifiées à cause de légères divergences que nous faisons disparaître pour mieux les adapter à notre système.

On entend par *délimitation*, dans son acception la plus large, tout à la fois la recherche, la reconnaissance et la constatation des limites d'une propriété immobilière par rapport aux propriétés qui l'entourent.

Dans le langage habituel, et même au palais, on regarde ces deux mots bornage, délimitation, comme synonymes ; le mot *bornage* est même plus souvent employé pour exprimer deux faits pourtant bien distincts, celui de *délimiter* et celui de *borner*.

Cette confusion vient de ce que, dans l'usage, le bornage suit presque toujours immédiatement la délimitation.

La plupart de ceux qui ont écrit sur cette matière ont uniquement porté leur attention sur les questions litigieuses qui peuvent s'élever à l'occasion de la fixation des limites des propriétés rurales. Nous présenterons la *délimitation* et le *bornage* sous un autre aspect ; nous les considérerons surtout au point de vue de leur utilité, de leurs avantages, des difficultés de leur exécution et des moyens de faire disparaître ces difficultés.

La propriété des biens-fonds est sans contredit l'institution fondamentale sur laquelle repose l'état social des peuples civilisés. Comme il est impossible de concevoir un bien-fonds sans limites, l'établissement et le maintien de ces limites sont une condition essentielle de l'institution elle-même.

Aussi, en remontant aux premiers âges, on reconnaît que le droit de propriété et celui de délimitation se sont, pour ainsi dire, toujours identifiés.

Dans tous les temps, le maintien de l'intégrité des héritages par la délimination a été l'objet de la sollicitude du législateur.

La délimitation intéresse éminemment l'agriculture ; elle assure la sécurité du possesseur ; elle garantit la paix et le repos des familles. Aussi les anciens peuples lui ont-ils donné une place dans leurs dogmes religieux, et ont-ils imprimé aux signes qui la manifestent un caractère sacré.

Les païens adoraient le dieu *Terme*.

Le Code pénal qui nous régit, article 456, punit le délit de déplacement ou de suppression de bornes d'un emprisonnement d'un mois à un an, et d'une amende qui ne peut être au-dessous de 50 francs.

Ce que veulent tous les propriétaires, grands, moyens et petits, c'est la constitution physique et juridique de la propriété, qui leur assurera la sécurité dans lapossession et la transmission de leur propriété, qui leur facilitera l'accès des crédits hypothéquaires, agricoles et autres.

Il est urgent de faciliter et de régulariser la délimitation générale, dans l'intérêt des propriétaires eux-mêmes.

Le Gouvernement, convaincu que le bien-être général et l'accroissement de la richesse publique dépendent surtout des progrès de l'agriculture, favorise et seconde ces progrès par tous les moyens qui sont en son pouvoir : institution du crédit foncier, institution du crédit agricole, institution de comices agricoles, concours, primes d'encouragement, expositions de produits, de bestiaux, d'instruments et de machines de culture ; il n'épargne rien pour exciter le zèle et l'émulation, pour propager l'amélioration et le perfectionnement de cet élément capital de la prospérité de la France.

Sans aucun doute, il porte le même intérêt à la propriété rurale elle-même ; il désire non moins vivement la faire respecter et en assurer la paisible possession dans son intégrité. S'il a tardé à prendre les mesures qui attesteront toute sa sollicitude, c'est qu'il a reconnu que les questions soulevées sur cette matière, n'étaient pas encore suffisamment élucidées pour recevoir une solution satisfaisante et définitive.

Cependant, dans l'état actuel de notre législation, tandis que la poursuite d'office par le ministère public et une pénalité sévère protégent la propriété mobilière, la propriété rurale reste exposée aux envahissements et à la rapacité des voisins, sans aucun autre moyen de répression que l'action civile.

Cette lacune regrettable peut jusqu'à un certain point se justifier par la difficulté de prouver l'intention criminelle de l'auteur de l'empiétement, lorsqu'il n'existe pas de limites apparentes ; le seul moyen d'obvier à cet inconvénient est de faciliter la délimitation, et de lui imprimer un caractère de fixité qui déjoue toutes les ruses de la cupidité.

L'urgence de recourir à ce moyen se fait de plus en plus sentir à raison de la grande division des biens ruraux, qui croît sans cesse dans beaucoup de localités, et surtout à raison du grand nombre de petits propriétaires qui exploitent eux-mêmes leurs terres et qui, pour la plupart, sont stimulés et dominés par un désir effréné de les agrandir.

Aussi, dans toutes les parties de la France, les propriétaires, impatientés de cet état de choses, font depuis quelques années, les uns isolément, les autres collectivement, exécuter des opérations particulières.

Tel est le besoin de délimitation, que de tous côtés on exécute ces opérations, et que le nombre va toujours croissant.

Un fait incontestable, dont la plupart des économistes se félicitent, parce qu'ils le regardent comme un gage assuré de l'accroissement du bien-être général, c'est la grande division de la propriété rurale, et l'exploitation des terres par les petits propriétaires eux-mêmes.

Le petit propriétaire qui laboure, sème et récolte lui-même son champ, est animé du désir de l'agrandir ; c'est souvent pour lui une véritable passion : *terrena cupido;* il est toujours prêt à profiter de la négligence de ses voisins pour commettre des empiétements.

Exagération de contenance dans les titres.

Un fléau qui, dans ces derniers temps, est venu jeter la perturbation dans les droits des propriétaires de biens ruraux, c'est l'exagération de contenance dans les actes.

On profite de ce que souvent il n'y a pas de titres anciens, ou bien de ce qu'il n'y en a que d'irréguliers, pour se dispenser, dans les actes d'aliénation, d'établir l'origine de la propriété et de relater les titres antérieurs ; par là on se met fort à l'aise pour l'indication de la contenance.

Tantôt la fraude est l'œuvre du vendeur seul qui, portant dans l'acte une contenance supérieure à celle à laquelle il a droit, régularise ainsi une usurpation antérieure, et s'en fait payer le prix. L'acquéreur de bonne foi prend possession de tout le terrain vendu, et, après dix années, la prescription le protège invinciblement contre l'action du véritable propriétaire.

Tantôt, au contraire, l'acquéreur, pour consolider par anticipation une usurpation qu'il prémédite, fait porter dans l'acte une contenance supérieure à celle vendue, en dispensant de garantie le vendeur qui, au moyen de cette clause, n'a pas d'intérêt à s'opposer à une fausse énonciation ; l'usurpation ne manque pas d'avoir lieu bientôt après, et au bout des dix ans, elle est légalement consolidée.

Tantôt, enfin, l'exagération de contenance est le résultat d'un honteux concert entre le vendeur et l'acquéreur, qui s'en partagent le bénéfice.

Déplacement de bornes.

Lorsque les limites des terres arables sont indiquées par des bornes en pierre, sans qu'il existe de repère auquel ces bornes se rattachent, et sans qu'il y ait un acte ou un plan

qui détermine, par la mention de ce repère, le lieu précis
où chaque borne a été plantée, rien n'est plus facile que de
déplacer les bornes sans qu'il soit possible au voisin, dans
la propriété duquel elles sont replantées, de s'apercevoir du
déplacement.

Les bornes ne sont donc qu'un leurre, lorsque la distance
de l'une à l'autre n'est pas cotée sur un plan contradictoire
ou constatée dans un titre légal.

De plus, pour éviter le déplacement et la transposition de
partie d'une parcelle avec ses bornes, il faut que la place
que cette parcelle occupe sur le terrain soit fixée au moyen
d'un repère immuable auquel elle se rattache et se relie par
l'indication, sur le plan et dans l'acte de délimitation, de la
distance des sommets de ses angles à ce repère.

Absence de signes délimitatifs.

Il est inutile de dire que l'anticipation est bien plus facile
à commettre et bien plus difficile à constater lorsque, ce qui
est très fréquent, aucun signe délimitatif n'existe pour fixer
les parcelles d'un finage ; de plus il n'est pas rare que, dans
ce cas, le terrain anticipé sur une parcelle se retrouve dans
une autre parcelle, qui en est séparée par plusieurs autres
placées entre les deux. Voici comment les choses se passent :

Lorsqu'un laboureur, profitant de la difficulté de reconnaître des limites qui ne sont pas suffisamment caractérisées,
a poussé ses sillons au-delà de ces limites, le riverain, ve-
nant cultiver à son tour, s'aperçoit que son champ n'a plus
ses anciennes dimensions ; et dans l'impossibilité de vérifier
de quel côté a été commise l'anticipation, il arrive souvent
que, pour récupérer le terrain perdu, il dépasse aussi la limite, mais du côté opposé à celui où l'anticipation a eu
lieu ; le troisième laboureur, sur lequel porte ainsi l'anticipation du premier, en fait ensuite lui-même autant que le
second, et, comme lui, pousse, pour récupérer le terrain qui
lui a été pris, ses sillons sur la pièce qui se trouve du côté
opposé à celui où s'est faite l'anticipation commise à son
préjudice ; le quatrième laboureur peut en faire encore autant lui-même sur une cinquième pièce, et ainsi de suite in-
définiment.

On voit par là comment il se fait que le terrain pris sur une pièce se retrouve en excédant dans une autre pièce qui en est séparée par cinq ou six et même un plus grand nombre de pièces intermédiaires : il en résulte dans toutes les parcelles du finage un désordre, une confusion, qui ne peuvent cesser que par la délimitation simultanée de toutes ces parcelles.

Crainte de procès mal fondée.

Depuis cent ans on repousse la délimitation générale à cause de l'avalanche de procès qu'elle devait entraîner avec elle, et qui devait couvrir et désoler toute la France; toutes les fois que la proposition de l'opération a été faite, on n'a pas manqué de produire cet épouvantail, et il a suffi pour la faire rejeter.

La délimitation se continue de tous côtés, dans un très grand nombre de communes, dans des conditions bien plus défavorables que si une loi avait réglementé l'opération : des motifs sérieux et fondés de refus et de résistance existent, et pourtant ces refus, ces résistances n'ont pas lieu.

En 1863, époque où M. Noizet faisait imprimer ses idées, nous commencions le bornage dans le canton nord de Limoges et nous adressions à l'Empereur un mémoire dans lequel nous disions : « L'esprit d'usurpation et de chicane est dans la nature de l'homme ; il se manifeste surtout chez les gens primitifs. Dans les campagnes, il faut y mettre un frein.

« S'il y avait lieu de craindre qu'en France, l'application du travail indiqué pût entraîner des inconvénients, remuer des passions, soulever des procès, le danger ne serait pas grand. Un procès latent n'en existe pas moins ; il a une origine, un motif ; il se manifestera à la première occasion ; une fois commencé, un premier acte donné (ultima ratio, il deviendra difficile à arrêter ; il produira toutes ses conséquences désastreuses. S'il était soulevé par l'opération du bornage, il n'y aurait ni frais ni passion ; le juge de paix s'en rendrait maître, et l'arrangerait facilement. »

En l'année 1866, dans un rapport à M. le ministre de la justice, M. le Procureur général disait qu'aucune réclamation n'avait suivi nos opérations. En 1868, à la session du Conseil général, M. le premier Président Lezaud s'exprimait ainsi ;
« Les résultats obtenus sont si considérables et si utiles

qu'on ne saurait contester l'immence avantage qu'il y aurait
à ce qu'ils fussent généralisés en France. » A notre tour,
nous avons pu affirmer en diverses circonstances que *pas un
procès de bornage n'a paru devant les tribunaux*, et que toutes les procédures commencées pour les difficultés de propriété sont venues s'éteindre dans nos procès-verbaux de la
constitution de la propriété foncière.

* *

Législation sur le bornage.

La législation nouvelle ne contient qu'un petit nombre de
dispositions sur le bornage. La principale est l'article laco-
nique 646 du Code civil : Tout propriétaire peut obliger son
voisin au bornage de leurs propriétés *contiguës* ; le bornage
se fait à frais communs. L'article 6 de la loi des justices de
paix dispose : Les juges de paix connaissent, à charge
d'appel, des actions en bornage, lorsque la propriété ou les
titres ne sont pas contestés.

Le législateur de 1838 est resté au dessous de sa mission,
il n'a pas comblé la lacune. Il était entendu, compris de
tous, que les actions en bornages, seraient transférées aux
justices de paix ; l'énormité des frais occasionnés par ces
sortes d'affaires, appelait cette réforme. Elles étaient considérées comme un fléau dans les campagnes, à cause des
frais qui outrepassaient la valeur des terrains en litige ; cette
crainte occasionnait le délaissement sans limites des propriétés.

Où donc aller chercher les principes du droit pour chacun de limiter son champ ? Le Code a laissé à cet égard
un immense vide. L'article 646 ne contient pas un principe
générateur, pas de procédure indiquée. Il faut recourir aux
principes généraux du droit. L'origine des règles sur le
bornage en France, est dans les lois romaines, le droit cou-
tumier et les usages.

* *

Le titre de la loi romaine ou digeste est ainsi conçu :
*Censibus (D 50 t 15) et censitoribus et perequatoribus ins-
pectoribus.* — Si on se rapporte au texte de la loi on voit
qu'il s'agit d'établir dans certaines conditions de contrées

et de personnes, l'impôt personnel et immobilier de la façon
la plus juste et la plus équitable.

..... On y voit des questions de désignation, de confron-
tation, de mesurage à constater par écrit ; mais jamais par
cadres ni tableaux. Il n'y avait pas de cadastres, mais bien
des bornages écrits qui pouvaient avoir certaine force en
justice.

Le Code romain, au livre II, titre 57, pose les règles
pour les contrats relatifs aux choses immobilières ; il indique ce que les actes doivent contenir : l'origine de la propriété, les précédents propriétaires, le prix, etc. Les questions d'hérédité y sont aussi réglées ; les règles de la
prescription sont aussi posées. Ce sont des livres-terriers,
des bornages ; ce sont surtout des livres d'impôts, pareils à
ceux qui ont existé chez les peuples les plus anciens, sous
des formes diverses. On trouve des traces de ces livres dans
les tables de recensement de la Gaule au IVe et Ve siècles.
Charles V en 1339, Henri IV en 1604, le ministre Colbert
en 1670, ont fait faire ce que nous appelons aujourd'hui les
opérations cadastrales, mais qui n'étaient en réalité que des
livres censitaires ou d'impôts, des terriers, ou cerquema-
nages, en un mot, des procès-verbaux écrits. — Nous ne voulons pas dire qu'à cette époque l'arpentage et la géométrie
ne fussent pas en usage ; nous avons, au contraire, dans les
archives de chaque pays des plans et des tableaux qui représentent des propriétés isolées ; mais ils ne sont que l'ac-
cessoire incomplet et souvent inexact des arpentages écrits,
que les tribunaux sont si heureux de rencontrer dans les
questions obscures qui leur sont soumises.

Ce n'est, comme il a été dit, qu'en 1791, que l'on a eu
l'idée de faire un tableau général, un grand cadre de la
propriété, divisé par de petits cadres, renfermant des poly-
gones.

Cette idée nouvelle a séduit ; elle a été poussée par les
hommes de l'art *qui ont dissimulé la vérité et qui ont fait
croire à une exactitude impossible.* On a abandonné les
arpentements écrits pour se contenter des arpentements géométriques ; on a abandonné la chose vraie, pour poursuivre
une ombre mensongère. On a préféré le portrait à la per-

sonne, et encore n'a-t-on fait qu'une silhouette, devenue caricature à cause des changements. (L'exécution de la loi du 17 mars 1898 aurait les mêmes inconvénients en donnant aux plans la force *mensongère* des titres).

Une administration spéciale a été créée, une armée de géomètres a été composée ; des dépenses énormes ont été faites. Une fois engagés, les hommes de l'administration cadastrale, les géomètres ou autres employés, ont pris à cœur de faire valoir leurs travaux. Ils étaient entraînés par un sentiment d'intérêt personnel, plutôt que par un sentiment d'intérêt général. Ils mettaient une grande activité à rendre possible la continuation de leur œuvre, et surtout ils prenaient grand soin de cacher les fautes de leurs opérations, ils agissaient par à peu près. De là sont venues les défectuosités les plus désolantes que l'on a rencontrées lorsqu'on a voulu faire à la propriété l'application du cadastre, qui, disait-on, avait été fait pour elle. Il avait produit le malheur immense de faire négliger les constatations contradictoires et écrites pour s'en tenir à des images inexactes, mensongères et insuffisantes, qui, pour comble d'inconvénients, étaient destinés à périr dans l'inutilité, parce qu'elles n'étaient pas organisées de manière à suivre le mouvement de la propriété.

*
* *

La loi de 1791 portait les dispositions de l'article 646 du Code civil. Le projet du code rural de 1808 les rééditait. Les commissions consultatives donnèrent naissance à de nouveaux projets qui restèrent en balance à cause de leurs variétés et des difficultés d'applications. Hors l'article 646 du Code civil, on n'y trouve que des détails superflus ou des dispositions susceptibles de controverse. La commission de la Cour de Grenoble nous a paru le mieux résumer les nécessités du bornage en ces termes : « Une loi féconde sur le bornage a pour devoir, 1° y obliger autant que possible ; 2° établir des règles de délimitation ; 3° établir un mode simple et facile d'exécution. » — Cette loi est encore à paraître.

Voici en résumé par ordre chronologique les propositions de lois et les lois sur lesquelles roule la question du bornage cadastral ; elles sont toutes primées par l'article 646 du Code civil. — Loi de 1791. — Année 1804. — Code civil, article 646 : « Tout propriétaire peut obliger son voisin au bornage de leurs propriétés contiguës. Le bornage se se fait à frais communs ».

Cet article est le critérium, la concrétion, le condensement des règles du bornage. Son laconisme opportun, laisse leur force à toutes les lois, à tous les usages qui peuvent s'appliquer à cette matière complexe.

En 1818, il y a eu un projet de code rural. La loi de 1838 sur les justices de paix est venue ensuite. Elle n'a fait que compliquer la situation en laissant flotter incertaines les attributions nouvelles conférées aux tribunaux de premier degré.

Dans ces circonstances, à l'aide de la pratique de tous les temps, nous avons cherché à présenter un travail utile à faire sortir de ce dédale par les voies les plus directes de la pratique, les propriétaires enchevétrés dans des difficultés inextricables et dangereuses. Heureux, si nous avons frayé une route pour la constitution et la conservation de la propriété rurale et surtout si nous avons trouvé les moyens d'arrêter l'esprit d'usurpation et les chicanes.

Depuis 1789, par période de 10 à vingt ans, on s'est très fort préoccupé en France des questions de constitution, consolidation et transmission de la propriété foncière ; elles n'ont pas été résolues parce qu'elles ont toujours été versées dans les ornières fiscales, techniques, juridiques et professionnelles.

En 1893, ces questions étaient à l'ordre du jour. Voulant les traiter séparément et obtenir des modifications législatives, nous avons fait présenter à la Chambre des députés, un projet de loi qui a été envoyé par elle à M. le ministre des finances ; en voici la teneur :

« Il sera établi en France et aux Colonies un cadastre, livre-terrier, patronymique, patrimonial, personnel et réel, qui déterminera physiquement et juridiquement la propriété foncière, en même temps qu'il portera les noms, prénoms, professions, domiciles des propriétaires, leurs qualités et leurs capacités au point de vue du droit de propriété.

« Ce livre sera constitué sur les bases du bornage cadastral périmétrique des propriétés, avec constatation des servitudes et rectifications des plans parcellaires, au moyens de croquis, figurés et référés, appliqués au plan du cadastre actuel.

« *Bornages*. — Les bornages auront lieu conformément aux lois et usages qui sont aujourd'hui en vigueur.

« *Impulsion du Gouvernement. — Bornage des communaux, routes, biens de l'Etat*. — Le gouvernement donnera une judicieuse impulsion aux bornages, en décidant que les primes dans les concours, les récompenses, les indemnités, secours, dégrèvements, etc., ne pourront être accordés, qu'à l'occasion des propriétés soumises au bornage. Il prendra l'initiative du bornage immédiat des biens qui sont placés sous son autorité et sa surveillance, tels que talus de routes, communaux, domaines de l'Etat, biens appartenant aux établissements de bienfaisance, aux institutions religieuses, etc.

« *Dispense de frais*. — L'initiative des bornages des propriétés particulières sera laissée à leurs propriétaires ; ils seront écrits sur papier libre, enregistrés gratis et dispensés de tous droits revenant à l'Etat ; les tarifs des fonctionnaires seront réduits de moitié.

« *Juges de paix, tuteurs, administrateurs*. — La compétence des juges de paix, en matière de bornage, sera étendue à toutes les questions de délimitation. Lorsqu'il s'agira de communes, de femmes mariées, d'interdits ou d'autres incapables, les administrateurs, les tuteurs ou autres défenseurs de leurs droits, seront aptes à provoquer les bornages et y défendre sans autorisation devant les juges de paix. En cas d'appel cette autorisation deviendrait nécessaire.

« *Litiges, incidents*. — Les litiges et les incidents qui se produiront à l'occasion des bornages seront instruits sommairement et jugés dans le plus bref délai, alors même qu'il s'agirait de servitudes.

« *Protocoles*. — Les actes relatifs aux bornages et aux modifications de la propriété seront précédés d'un protocole qui établira la situation personnelle des intéressés.

« *Conservation du cadastre au courant des mutations*. — Tout acte modificatif de la propriété devra être accompagné d'un plan géométrique, de la description des bornes, de leur orientation, distances et autres circonstances, avec indication des feuilles, numéros du cadastre et autres renseignements. Les notaires auront un délai de quinze jours pour se procurer les documents et faire les annexes aux actes.

« *Écoles primaires*. — Dans les écoles primaires, dans les les cours supérieurs des écoles élémentaires, dans les classes d'adultes, l'instruction sera dirigée vers les études de la géométrie, particulièrement vers l'arpentage et les nivellements. Ces écoles seront dotées des instruments indispensables à l'étude et à la pratique de cette science. »

***

Rapport sur la pétition de M. Freyssinaud, ancien juge de paix du canton nord de Limoges, à la commission du Cadastre, par M. Piat.

M. Freyssinaud a adressé à la Chambre des députés une pétition ayant pour objet l'établissement d'un livre foncier en France et dans les colonies. Cette pétition a été renvoyée à M. le Ministre des finances, le 9 février 1894, par la commission des pétitions.

Le pétitionnaire, ancien juge de paix du canton nord de Limoges, se basant sur ses propres travaux, est d'avis qu'un bornage général des propriétés, obligatoire pour l'Etat et les établissements publics, facultatif pour les particuliers, est le seul moyen de résoudre la question cadastrale.

Il affirme que ce travail permettrait de recueillir, rapidement et à peu de frais, sur la situation juridique des propriétés et des propriétaires, ainsi que sur la détermination physique et la valeur des immeubles, tous les renseignements nécessaires à l'établissement d'un livre foncier-terrier pour la mise à jour du cadastre et pour l'assiette de l'impôt foncier.

La Sous-Commission technique vient d'adopter précisément, dans sa séance du 1er juin 1894, le principe du bornage général facultatif pour les particuliers, obligatoire pour l'Etat, les départements, les communes et les établissements publics.

Mais la louable initiative dont a fait preuve M. Freyssinaud ne semble pas pouvoir être imitée, et donner, dans toute la France, les mêmes résultats que ceux qu'a pu obtenir le pétitionnaire dans le canton nord de Limoges.

Une organisation nouvelle est nécessaire, et les intéressants travaux de M. Freyssinaud constituent, pour l'étude de cette organisation, *une contribution très utile.*

* * *

Extrait du rapport fait par M. Cheysson, Président du Comité d'enquête, à la commission du Cadastre.

A côté des abornements généraux, proprement dits, l'enquête a encore révélé, sur certains points du territoire, des opérations qui méritent de prendre place au même niveau et qui consistent en bornages collectifs.

Dans ce nombre, il convient de citer le département de l'Oise, où ces bornages ont été effectués dans les neuf dixièmes des communes du département (630 sur 701), et les environs de Limoges, où M. Freyssinaud, alors juge de paix du canton Nord de cette ville, a obtenu, par son admirable persévérance et par son action personnelle, des résultats auxquels le Comité d'enquête est heureux de rendre hommage.

De 1863 à 1870, M. Freyssinaud a profité de l'ascendant légitime que lui donnaient ses fonctions pour engager ses justiciables à faire borner leurs propriétés à l'amiable, en vue d'éviter des procès. Il est ainsi parvenu, sans rendre un seul jugement et sans donner lieu à aucune réclamation ultérieure, à délimiter amiablement de nombreuses propriétés embrassant une superficie de 10.000 hectares et moyennant des frais insignifiants, qui ont varié de 0 fr. 70 à 2 fr. par hectare et par propriétaire.

M. Freyssinaud procédait à ce bornage, en présence des intéressés, qui produisaient leurs titres, et avec l'assistance d'un géomètre qui, muni d'un extrait du plan cadastral, effectuait sur le terrain les mesurages nécessaires pour la pose des bornes et la mise à jour du plan. En outre, chaque propriété bornée était décrite juridiquement et physiquement dans un procès-verbal des opérations dressé par le juge de paix et signé par tous les intéressés, ce qui lui donnait la valeur et la force d'un véritable Livre foncier.

Dans une pétition qu'il vient d'adresser tout récemment à la Chambre des députés, M. Freyssinaud, se basant sur son expérience et ses propres travaux, soutient que l'on peut résoudre la question cadastrale sans recourir à l'obligation, en procédant comme il l'a fait à Limoges et en ne faisant intervenir l'État que pour borner les propriétés publiques et pour récompenser, par des subventions et quelques faveurs, les propriétaires les plus disposés à délimiter leurs immeubles.

D'abord partisan du bornage obligatoire, M. Freyssinaud s'est ensuite rallié au bornage facultatif sous le régime du droit commun, et il a montré le parti qu'on en pouvait tirer avec du dévouement et du tact.

C'est une conversion et ce sont des résultats à retenir, pour le moment où l'on devra statuer sur la délimitation des propriétés et sur son caractère libre ou obligatoire.

Les opérations de M. Freyssinaud ne suppriment pas la nécessité de la réfection du cadastre ; mais elles lui servent d'excellente préface. Une fois le terrain préparé par cette délimitation amiable, les géomètres peuvent venir et procéder avec sécurité à leurs opérations techniques.

Le droit commun actuel suffit, à la rigueur, pour réaliser de tels abornements, ainsi que le prouvent les exemples des bornages effectués dans les départements de l'Est, de l'Oise et de la Haute-Vienne. Pour réaliser aujourd'hui des bornages collectifs, il faut admettre une interprétation très large de l'article 646 du code civil et une initiative un peu hardie du juge de paix. — C'est ainsi que, dans un rapport sur les bornages menés à bien par M. Freyssinaud, le Procureur général de Limoges tout en leur rendant l'hommage qu'ils méritent, signale que cet honorable magistrat n'a pu réussir qu'en se faisant attribuer par ses justiciables une compétence plus étendue que celle qu'il tenait de la loi.

. . . .

Quant à la délimitation obligatoire, l'on comprend que les esprits, même très libéraux, fassent taire leur répugnance ordinaire pour la contrainte légale en présence des avantages considérables à en espérer.

Le comité d'enquête n'a pourtant pas cru pouvoir aller jusque là. Comme M. Freyssinaud, qui n'en demande pas même tant, il lui a semblé qu'avec l'article 646 du code civil et la loi de 1888 on sera suffisamment armé pour les besoins du cadastre et du livre foncier, pourvu qu'on sache bien manier ces ressources légales.

* *

M. Boudenoot, président de la sous-commission technique du cadastre, avait déposé sur les bureaux de cette assemblée notre projet ; il fut l'objet des deux rapports favorables que nous venons de copier. Nous avons attendu, avec tous ceux qui s'occupent de ces questions, les documents et les délibérations qui devaient sortir des doctes dissertations de la grande assemblée. Notre projet de loi était simplement indicatif ; c'était un préliminaire de la proposition de la loi sur le cadastre, dont l'étude était confiée à la Commission nommée à cet effet. Dans ces circonstances, nous avons été surpris par le vote précipité, indiscuté, de la loi du 17 mars 1898, dont les inconvénients doivent être amoindris par de nouvelles dispositions législatives indispensables, qui peuvent être prises en grande partie dans notre proposition.

Aux termes de la constitution, l'envoi de notre proposition à M. le ministre des finances était le suprême succès qu'elle pouvait obtenir.

M. le député Boudenoot qui en avait été le rapporteur, et plusieurs de ses collègues, ont proposé à la Chambre une loi similaire dans laquelle ils ont omis de placer les moyens juridiques de notre proposition. Cette loi a été adoptée *sans discussion* par la Chambre, et, après des modifications *profondes*, faites par le Sénat, adoptées aussi *sans discussion*, est devenue la loi du 17 mars 1898. La législature actuelle aura le devoir de reprendre cette loi pour la mettre dans des conditions utiles, *pour ouvrir une nouvelle ère du bornage et du cadastre.*

La loi Boudenoot votée par la Chambre, en première lecture le 12 juillet 1895, *au moment de son départ*, a été votée en deuxième délibération à la fin de décembre suivant. Elle portait atteinte au droit de propriété et modifiait implicitement l'article 646 du Code civil. Personne ne s'est rendu compte de quoi il s'agissait, et un député, M. Lorois, s'étant plaint, au moment où l'on annonçait la mise au voix de l'ensemble, de cette façon d'enlever le vote, le président lui a simplement répliqué qu'il n'avait qu'à voir l'ordre du jour. Effectivement, dans l'ordre du jour qui a eu lieu à la fin de la séance du 10 décembre 1895, au milieu du bruit, le président a bien dit, suivant le compte rendu *in extenso* : « La commission, d'accord avec le gouvernement, demande l'inscription en tête de l'ordre du jour de la deuxième séance de demain, *sous réserve qu'il n'y aura pas de débats*, de la deuxième délibération, sur la proposition de M. Boudenoot, tendant à rendre plus rapide et plus économique la revision du cadastre. »

Cependant l'ordre du jour publié dans le *Journal Officiel* du 11 n'en fait aucune mention, et nul ne pouvait soupçonner que cette proposition sur laquelle on avait évité toute discussion en première délibération, allait être enlevée dans le brouhaha désordonné d'un commencement de séance.

Le titre alléchant que porte la proposition n'indique d'ailleurs, en aucune façon, son importance intrinsèque. Où apparaît le véritable esprit de cette tentative de législation, c'est dans les articles du projet. Nous pourrions les discuter, nous estimons que c'est inutile, parce que le Sénat a anéanti cette loi, *restée cachée depuis 1895* et présentée *subrepticement* en février et mars 1898, au moment où les Chambres fatiguées, préoccupées des élections, étaient sur le point de se séparer ; qu'il l'a refaite *de fond en comble* sans tenir compte de certains articles très sages, et qu'il lui a substitué des dispositions nouvelles qui, acceptées *sans discussion*, sur le rapport de M. le sénateur Morel, et adoptées par la Chambre, toujours *sans discussion*, sur le rapport de M. le député Boudenoot, ont formé la loi très importante de constitution et de réglementation de la propriété foncière du 17 mars 1898.

C'est cette loi promulguée le 17 mars, dont nous avons à indiquer la défectuosité, l'inanité et même la nocuité. Après en avoir fait le procès, nous aurons à démontrer la nécessité de la réformer pour la mettre dans des conditions utiles.

Nous allons donner la loi, telle qu'elle a été insérée au *Journal Officiel* ; nous mettrons à la suite nos observations, qui ne peuvent être que très succinctes. Nous les appuierons principalement sur les opinions émises à la commission du cadastre et plus récemment à la Chambre des députés. Nous sommes heureux de nous trouver d'accord avec M. Cheysson ; nous lui emprunterons ses arguments qui ont une grande et juste autorité.

M. Cheysson, inspecteur général des ponts et chaussées, professeur à l'Ecole des mines, président du comité d'enquête à la sous-commission technique du cadastre, a fait, sur le cadastre, un rapport lumineux et magistral, sur divers points de vue historiques, techniques et d'enquête ; mais il s'est arrêté devant le point de vue juridique. La rectitude de son esprit l'a garanti contre les utopies qui ont été présentées au congrès international de 1892 par quelques économistes hardis, qui ont proposé la mobilisation du sol. Cette rectitude l'a aussi garanti contre les hérésies en droit.

*
* *

LOI DU 17 MARS 1898.

SUR LA RÉVISION DU CADASTRE.

Extrait du Journal Officiel.

M. LE PRÉSIDENT. L'ordre du jour appelle la première délibération de la proposition de loi, adoptée par la Chambre des députés, adoptée avec modification par le Sénat, tendant à rendre plus rapide et plus économique la revision du cadastre.

M. BOUDENOOT, *rapporteur.* La commission du budget, d'accord avec le Gouvernement, demande à la Chambre de vouloir bien prononcer l'urgence.

M. LE PRÉSIDENT. Personne ne demande la parole ?...

Je consulte la Chambre sur la déclaration d'urgence.

(La Chambre, consultée, déclare l'urgence).

M. LE PRÉSIDENT. Personne ne demande la parole pour la discussion générale ?...

Je consulte la Chambre sur la question de savoir si elle entend passer à la discussion des articles ?

(La Chambre, consultée, décide de passer à la discussion des articles).

M. LE PRÉSIDENT. « Art. 1er. — Il sera inscrit annuellement au budget du ministère des finances, pour concourir aux frais de renouvellement ou de revision et de conservation du cadastre, un crédit qui sera affecté :

« 1° A l'entretien d'un service dit « du renouvellement ou de la revision et de la conservation du cadastre » ;

« 2° A l'allocation de subventions aux communes qui, cadastrées depuis trente ans au moins, demanderont le renouvellement ou la revision de leur cadastre et s'engageront à en assurer la conservation.

« Personne ne demande la parole ?...

« Je mets aux voix l'article 1er.

(L'article 1er, mis aux voix, est adopté).

« Art. 2. — La part de l'Etat dans la dépense d'établissement et de conservation du nouveau cadastre d'une commune, fixée en tenant compte de la situation financière de la commune, ne pourra dépasser 40 p. 100 de son montant total ; le département contribuera à la dépense au moins dans la même proportion que l'Etat, et le surplus sera fourni par la commune ou les particuliers intéressés.

« A cet effet, des centimes additionnels à la contribution foncière des propriétés non bâties pourront être votés par les conseils généraux jusqu'à concurrence de 1 centime et par les conseils municipaux jusqu'à concurrence de 5 centimes. — (Adopté).

« Art. 3. — Toute commune, pour être admise à profiter des avantages prévus par l'article précédent, devra instituer, préalablement à l'ouverture des opérations cadastrales et dans les conditions ci-après déterminées, soit une commission, soit un syndicat de délimitation ou de bornage.

« Les opérations cadastrales comprendront obligatoirement la délimitation des immeubles, le bornage restant facultatif. — (Adopté).

« Art. 4. — La commission de délimitation ou de bornage comprendra :

« 1° Le maire ou son délégué pris dans le conseil municipal, président ;

« 2° Huit propriétaires de la commune, dont au moins

deux forains, nommés à la majorité relative par les suffrages des contribuables inscrits à la matrice cadastrale ou de leurs mandataires, l'élection restant, en ce qui concerne le mode de scrutin et les réclamations, soumise aux règles fixées par la loi du 5 avril 1884 sur l'organisation municipale ;

« 3° Un suppléant du juge de paix ou un notaire de canton désigné par le préfet ;

« 4° Un agent de l'administration des contributions directes et du cadastre, désigné par le directeur local, secrétaire.

« La commission pourra s'adjoindre un géomètre avec voix délibérative. — (Adopté).

« Art. 5. — Cette commission aura pour mission :

« 1° De procéder à la recherche et à la reconnaissance des propriétaires apparents ;

« 2° De constater, s'il y a lieu, l'accord des intéressés sur les limites de leurs immeubles et, s'ils le désirent, d'en diriger le bornage ;

« 3° En cas de désacord, de les concilier, si faire se peut ;

« 4° De déterminer provisoirement ces limites à défaut de conciliation ou de comparution des intéressés.

« La commission dressera un procès-verbal détaillé de ses opérations. Ses décisions seront prises à la majorité des voix, la moitié des membres étant présents. — (Adopté.)

« Art. 6 — Le syndicat de délimitation et de bornage sera libre ou autorisé et pourra être formé soit pour la commune entière, soit seulement pour une portion du territoire communal.

« L'association syndicale autorisée sera établie, soit sur la demande de un ou plusieurs propriétaires intéressés, soit sur l'initiative du maire ou du préfet. Elle sera soumise, pour le surplus, aux dispositions qui régissent les associations constituées pour l'exécution des travaux d'amélioration agricole d'intérêt collectif, à l'exclusion des alinéas 3 et 4 de l'article 9 de la loi du 21 juin 1865, modifié par l'article 3 de la loi du 22 décembre 1888.

« Au cas de formation d'un syndicat libre, il sera loisible aux parties contractantes de convenir que la délimitation sera

accompagnée du bornage des immeubles et qu'il sera procédé
à des remembrements.

« Le comité directeur du syndicat libre ou autorisé sera
substitué à la commission de délimitation ou de bornage
pour les terrains compris dans l'association et il aura les
mêmes attributions que cette commission, sans préjudice des
pouvoirs particuliers qui pourront lui être conférés en cas
d'association libre. — (Adopté).

« Art. 7. — La délimitation provisoire prévue au paragraphe 4 de l'article 5 sera portée à la connaissance des
intéressés qui auront un délai d'un an pour s'entendre
sur leurs limites ou pour introduire une action devant la
juridiction compétente,

« Passé ce délai, les limites déterminées provisoirement
deviendront définitives sauf les droits du propriétaire réel
lorsqu'il viendra à se révéler, et dont la réclamation ne
pourra avoir d'effet qu'entre lui et ses voisins immédiats.
— (Adopté).

« Art. 8. — Après l'achèvement des travaux techniques
le plan cadastral sera déposé pendant trois mois à la
mairie de la commune où les intéressés seront admis à en
prendre connaissance.

« A défaut de réclamation dans ledit délai, les résultats
de l'arpentage seront réputés conformes à la délimitation
sous réserve de la tolérance qui sera fixée par les règlements.

« Toutefois, en cas d'erreur matérielle, les réclamations
seront toujours recevables. — (Adopté .

« Art. 9. — Afin d'assurer la conservation des plans et
des registres cadastraux dans les communes où ils auront
été renouvelés ou revisés, tout changement de limite devra,
pour être opéré sur les plan du nouveau cadastre, être
préalablement constaté par un procès-verbal de délimitation
ou de bornage dressé en présence des parties ou de leurs
mandataires et certifié par elles.

« Dans ces communes, la désignation des immeubles
d'après les données du cadastre deviendra obligatoire dans
tous les actes authentiques et sous seings privés, ou juge-

ments translatifs ou déclaratifs de propriété ou droits réels immobiliers.

« L'omission ou l'inexactitude de cette désignation entraînera une amende de 25 francs qui sera due par les officiers publics ou greffiers pour chaque acte authentique ou jugement et par les intéressés pour chaque acte sous signatures privées.

« Cette amende sera recouvrée comme en matière d'enregistrement. — (Adopté).

(*L'ensemble de la proposition de loi est mis aux voix et adopté*).

OBSERVATIONS.

Cette loi est, sous une appellation différente, la création du cadastre patronymique, patrimonial, qui doit servir de fondement au livre terrier, personnel et réel par le bornage cadastral.

Ce livre devra être le *palladium* ou l'arche sainte dans laquelle seront renfermés tous les éléments et documents relatifs à la propriété foncière : ils y seront conservés et tenus au courant des mutations.

Pour cette œuvre grande et patriotique, la loi du 17 mars 1898 n'est pas suffisante, elle est dangereuse. On peut la réformer et la compléter en lui adaptant les dispositions des lois fondamentales de la propriété foncière, dont certaines devront être modifiées suivant les leçons de la théorie, de la pratique et de l'expérience.

Article 1er. — Le premier paragraphe de cet article est un engrenage dans lequel le Gouvernement pourrait être entraîné au-delà de toutes prévisions.

Nous pouvons dire dès à présent qu'il engage témérairement, sans limites, les finances de l'Etat ; on annonce déjà que pour la confection des plans, il faudra des millions, des milliards.

L'article premier de la loi Boudenoot était plus prudent en limitant à 100.000 fr. la dépense. Si les 36,142 communes de France demandaient la réfection de leur cadastre, quelle serait la réponse de M. le ministre des finances ? — Pour leur donner satifaction, il lui faudrait, *au minimum*, *et dans des conditions exceptionnellement bonnes,* 800 millions et un personnel technique ; c'est l'administration des contributions directes qui le dit.

* *

La justification de nos observations s'est manifestée dès les premiers essais d'exécution de la loi du 17 mars 1898.

Il y a en France 36,142 communes sur lesquelles 300 auraient demandé à refaire leur cadastre. Dans ce nombre, celle de Bienville et de Gourzon (Haute-Marne) ont insisté. M. le député Rozet, qui les représente, est intervenu. Il s'est adressé à M. le Ministre des finances qui lui a répondu en ces termes : « *J'ai le regret de vous informer que l'administration des finances ne dispose actuellement ni du personnel technique, ni des crédits nécessaires pour entreprendre en 1899 les opérations cadastrales.* »

A la séance du 20 mars 1899, le même député a dit tenir de M. Boudenoot, rapporteur du budget de la guerre, que le crédit de 50.000 fr. alloué pour la réfection du cadastre avait été reversé au ministère de la guerre. M. Rozet a terminé son discours par ces mots : « *Nous sommes en présence d'une simple apparence, d'une satisfaction verbale.* »

M. le ministre des finances se trouve donc forcé à la déclaration de son impuissance pour l'exécution de la loi du 17 mars 1898. Cette loi étant facultative, M. le Ministre peut conseiller aux intéressés de recourir aux lois anciennes qui ne sont pas abrogées, mais alors se présente la nécessité de reprendre notre proposition de loi qui donne les moyens de remédier aux défectuosités de l'ancien temps et aux lacunes de la loi du 17 mars 1898. Ces dispositions législatives marcheraient parallèlement à la confection du bornage cadastral sans encombrer le gouvernement.

Les deux textes sont d'accord pour les subventions aux communes, mais la loi du 17 mars fait une restriction qui nous paraît regrettable, parce qu'elle crée une catégorie de communes privilégiées, tandis qu'il serait plus pratique et plus équitable de faire participer la généralité. De plus, on ne comprend pas un cadastre subventionné dans une commune, non subventionné dans l'autre. Le cadastre ne serait pas généralisé, il y aurait un cadastre *par ci, par là.*

L'inconvénient le plus grave de cet article est la subvention faite aux communes, alors qu'il faudrait qu'elle fût faite aux propriétaires des communes. Les communes ne sont intéressées dans les bornages que pour leurs biens communaux. Leurs ressources ne doivent pas servir à payer des frais de délimitation et de bornage auxquels elles sont étrangères.

La commune est un être moral dans lequel sont compris les propriétaires. Il serait bon de laisser à ces derniers le soin de régler leurs affaires de bornage. Si on s'adresse aux communes, on fait du gouvernement ou du maire qui le représente, un *negotiorum gestor* chargé des responsabilités et des frais de l'opération, sans compter les complications et les difficultés insurmontables qu'entraînerait cette immixtion.

A la commission du cadastre, M. Cheysson a dit, page 51 du fascicule n° 6, qu'en votant l'intervention de l'Etat (ou des communes) c'était leur faire un présent dangereux. M. le colonel Bassot, membre de l'institut a ajouté, page 279, qu'il y voyait le plus grand danger. M. Boudenoot dit lui-même : « Ce n'est pas par commune isolée qu'il faudra procéder. »

L'immixtion de l'Etat, des départements et des communes est dangeux pour eux et nuisible à l'œuvre.

L'article 2 règle d'une manière confuse la part de l'Etat, du département et de la commune pour l'établissement et la conservation du nouveau cadastre. Comment comprend-on qu'ils soient tenus de payer les frais de la conservation du cadastre, qui, d'après l'article 9, est à la charge des intéressés et sanctionné par une pénalité ? Comment tiendra-t-on compte de la situation financière d'une commune ? La loi ne sera donc pas la même pour toutes ? Qui réglera les différences ? Le département payera autant que l'Etat et le reste sera payé par la commune ou par les particuliers intéressés. Est-ce l'un, est-ce l'autre ? Si le cadastre était refait au point de vue l'impôt, l'Etat devrait tout payer ; mais il n'en est pas ainsi.

Vient ensuite le mode de créer des ressources. Les conseils généraux voudront-il se prêter aux exigences ? Les communes obérées ou les conseils municipaux mal disposés voteront-ils des fonds ? Et d'ailleurs, ce qui serait payé par l'Etat, le département ou les communes viendrait des fonds de tous les contribuables. Or, est-il juste de faire supporter par des habitants qui ne sont pas propriétaires, des frais de délimitation et de bornage qui leur sont étrangers ?

L'article 3 de la loi du Sénat a changé malheureusement l'article 3 de la loi des députés. Cette dernière avait la prudence d'enjoindre aux communes seulement la constitution d'un syndicat de bornage réunissant les conditions de majorité requises par la loi du 22 décembre 1888, sur les associations syndicales. C'était déjà bien assez pour faire courir aux propriétaires les dangers de se voir dépossédés par des procédés décrits à la commission du cadastre par par M. Gorce qui, à la fin de l'exposé de son système, termine ainsi :

« Choses bizarres ! Dans une des communes que je viens de régler, à Buissoncourt, un seul propriétaire qui avait une ferme de 43 hectares, divisée en 150 parcelles, s'est vu retirer 5 hectares ; il est arrivé à 38 d'après ses titres ; 5 hectares à 2.000 fr. l'un, cela fait 10.000 fr. qu'on lui a pris, et il a encore été obligé de payer les frais de bornage. — Et plus loin : dans cette commune de Buissoncourt nous avons découvert 6 hectares d'excédent, 5 ont été attribués aux propriétaires. — Et ailleurs : En commençant d'un côté, après avoir attribué aux premiers ce qui leur revenait, il ne restait rien pour les derniers ; ils ont été payés en argent. »

C'est un singulier système, celui qui d'après son auteur arrive à de pareilles bizarreries. C'est la négation du droit de propriété, c'est une expropriation forcée d'un nouveau genre ; c'est une monstrueuse coërcition, spoliation ! Dans un grand nombre de départements, l'opinion est hostile aux syndicats. Beaucoup de communes n'en ont pas.

Mais la loi du Sénat va bien plus loin : elle oblige les communes à instituer préalablement à l'ouverture des opérations cadastrales, dans des conditions déterminées à son article suivant, soit une commission soit un syndicat de délimitation ou de bornage, et elle termine son article par un paragraphe coercitif pour la *délimitation obligatoire* en laissant le *bornage facultatif*. — Si on veut se rendre compte des erreurs et des compromissions de ce paragraphe, il faut se rapporter aux définitions, significations et aux rôles de ces mots que nous venons de donner, Dans le langage ordinaire et même du palais, les mots délimitation et bornage sont le plus souvent pris l'un pour l'autre, mais s'il devait y avoir coërcition à établir ce serait pour le bornage, qui peut être considéré comme la consécration de la délimitation, et qui d'après l'article 646 du code civil est obligatoire vis-à-vis du voisin.

Dans les lois anciennes et modernes, dans le Code civil, dans le Code de procédure et ailleurs, il est question du bornage comme droit et comme fait ; il n'est question de la délimitation que comme moyen préliminaire. Si la délimitation n'était pas suivie du bornage, elle serait éphémère.

Nous avons vu à l'article premier ce que dit M. Cheysson des inconvénients de l'immixtion de l'Etat et des communes sur l'obligation de la délimitation. Il est bien plus explicite dans les pages 47 et suivantes du fascicule n° 6 des procès-verbaux de la commission du cadastre. Il serait utile de rapporter le texte *in-extenso*, nous en donnons seulement des extraits.

Page 48..... « Pour la délimitation, on touche à des profondeurs à la fois économiques et sociales ; si l'on s'est trompé, les erreurs sont presque irréparables. . . . .

. . . . De toutes les opérations que comporte l'entreprise du cadastre, la délimitation est sans contredit la plus délicate..... La délimitation devant mettre en jeu et en opposition les intérêts privés, réveiller tous les désaccords latents, peut soulever, selon la manière dont les opérations seront conduites, une opposition devant laquelle viendraient échouer tous les efforts de l'administration. La question de délimitation et de bornage étant d'ordre privé, c'est aux intéressés qu'il doit appartenir de les résoudre eux-mêmes en dehors de l'intervention de l'Etat. — Un travail général de délimitation donnera inévitablement naissance à des conflits d'intérêts et à des mécontentements ; si les difficultés sont réglées sur place par les intéressés entre eux, les mécontentements resteront localisés. Avec la contrainte locale, c'est l'Etat qui dirigera les opérations, et c'est lui, par conséquent, que prendront à partie les propriétaires qui seront ou se croiront lésés dans leurs intérêts. »

A la page 283, M. Cheysson se déclare *irréductible* contre l'obligation de délimitation ; Il la trouve imprudente, car, dit-il, « elle pourrait sembler une atteinte à la propriété contre laquelle sont dirigées aujourd'hui tant d'attaques. »

A la page 304, M. Cheysson rappelle que, cinq fois, il a fait ses réserves contre l'obligation de la délimitation.

L'article 4 est le corollaire et le complément de l'article 3 ; il détermine la composition de la commission prise dans les élus du suffrage universel, ou d'un suffrage restreint, ou mieux encore du choix du préfet, complétée par un agent de l'administration fiscale. Cette commission doit remplacer les juges de toutes catégories, les officiers ministériels, tous les hommes d'affaires investis par la loi et la confiance publique, fournissant toutes garanties, et conférer le droit de propriété par le bornage qui est aujourd'hui le droit privé, pour la demande duquel les propriétaires ont seuls la personnalité suffisante. — Dans la plupart des communes, cette commission ne pourra pas être formée ; le serait-elle, elle ne fonctionnerait pas. Salariés ou non, ces commissaires ne sacrifieront pas leur temps d'une manière continue à ces opérations longues, difficiles et délicates. Les 8 propriétaires dans la commune, faisant partie de la commission, devront se retirer quand viendra leur tour d'être délimités ; et alors !... Ils ne pourront cependant pas être juges et partie.

Il n'y a pas besoin d'être jurisconsulte pour voir la différence entre l'ancienne et la nouvelle procédure. La première, tutélaire et équitable ; l'autre, celle que l'on vient d'introduire, inique et révolutionnaire.

Tous ceux qui ont des biens au soleil nous comprendront et nous donneront raison. On peut facilement s'imaginer quelles seraient les conséquences de ce remaniement de la propriété et de la façon de l'établir. Toutes les communes seraient pourvues de syndicats se livrant au chantage électoral.

Sur la commission édictée par l'article 4 à la page 49 du fascicule précité, M. Cheysson dit ceci : « Cette commission comprendra des fonctionnaires de l'Etat nommés directement par l'administration, lesquels, chargés de l'exécution des travaux, en auront, dans la pratique, la direction effective. N'est-il pas à craindre, que par excès de zèle, certains agents n'exercent vis-à-vis de la population une contrainte qui mécontentera les propriétaires et les portera à s'abstenir, d'où la nécessité pour l'administration de nommer une commission d'office et d'assumer ainsi toute la responsabilité de ces délicates opérations qui touchent aux fibres les plus intimes du paysan et à sa passion pour la propriété. »

Dans ce même article 4, la présence d'un géomètre au lieu d'être facultative, devrait être obigatoire. La direction de l'opération devrait lui être confiée à cause de son habitude professionnelle.

L'article 5 de la loi des députés réglait d'une manière arbitraire et dangereuse la mission de la commission ; mais l'article 5 de la loi du Sénat porte en plus des dispositions étonnantes. Nous ne comprenons pas sa mission de rechercher et de reconnaître les propriétaires *apparents*. Ce genre de propriétaire nous est inconnu. Dans notre pratique nous avons toujours eu affaire avec des propriétaires *réels*, les seuls qui puissent être mis en cause. Chaque propriétaire connaît son voisin *réel*, qu'il a le droit d'appeler en bornage. Quiconque veut savoir qui est le propriétaire *réel* d'une parcelle doit consulter la matrice cadastrale qui le fixera positivement. S'il y a eu des mutations, elles ont été constatées par le contrôleur des contributions directes. Si le bornage était fait avec des propriétaires *apparents*, on n'aurait que l'*apparence* d'un bornage, il en serait de même du cadastre.

Le reste de la loi des députés a été mis à néant et remplacé par les articles 6, 7, 8, 9, dont nous allons nous occuper ; mais avant, nous exprimons le regret de voir supprimées des dispositions très sages de la loi Boudenoot. Une commission permanente était nommée pour examiner les demandes et faire tous les ans un rapport circonstancié qui aurait permis aux pouvoirs publics de remédier aux inconvénients signalés et à ceux que la pratique aurait mis à jour.

* *
*

Nous continuons l'examen de la loi du Sénat.

Art. 6. — Aux termes de l'article 6, le syndicat de délimitation et de bornage (contradiction avec l'article 3 qui sépare la délimitation du bornage) libre ou autorisé, peut être formé pour une partie de la commune. Quel sera le sort des autres parties de la commune ? Que deviennent les règles générales ? Comment distinguer les conditions des territoires soumis au syndicat autorisé et ceux du syndicat libre ?

* *
*

Art. 7. — L'article 7 est tout à fait révolutionnaire du code civil. Toutes les lois sur la propriété foncière sont mises de côté. Heureusement, il suffira pour tout arrêter, d'introduire une action devant la juridiction *compétente* pour laquelle on revient aux lois ordinaires du code civil, du code de procédure et autres.

Un grand danger menace les propriétaires qui ne seraient pas vigilants. Gare aux surprises ! Le délai pour la dépossession est fatal. Il est vrai que le propriétaire *réel* ne sera pas forclos, et alors, la propriété sera toujours incertaine.

L'article 7 fixe le délai d'un an pour accepter les limites proposées par la Commission ou pour introduire une action devant la juridiction compétente.

La délimitation provisoire sera portée à la connaissance des intéressés.

Mais comment ?

Le délai partira-t-il du jour de la décision de la Commission ?

Ou du jour où la décision aura été portée à la connaissance des intéressés ?

Cette connaissance sera-t-elle donnée par voie administrative ou par voie extra-judiciaire ?

Dans quel délai ?

La loi est muette sur ces points importants.

Un grand nombre de propriétaires n'habitent pas les communes où leurs immeubles sont situés, et il importe qu'ils soient prévenus de l'œuvre de la Commission (¹).

* *
*

(1) Rapport de M Corpechot.

L'article 8 décide que les plans remplaceront les titres ; qu'après trois mois de leur dépôt à la mairie, ils seront réputés conformes à la délimitation, sous réserve de la tolérance qui sera fixée par les règlements.

Cet article, compréhensible peut-être pour les techniciens, même pour les praticiens, pourrait bien ne pas l'être pour d'autres. On peut se demander ce que signifie la réserve de la tolérance pour les mesurages ; cette tolérance ne sera donc pas la même partout? Dans les limites de cette tolérance, les questions de bornage ne pourront pas être tranchées ; il faudra revenir aux moyens de droit que nous préconisons. L'échelle de proportion ne serait pas la même pour tous les plans? Appliquera-t-on la méthode de cultellation ou celle par développements? Ces mesures techniques, qui remplacent des moyens de droit, prévoient le cas des erreurs matérielles qui, d'après le dernier paragraphe de l'article 8, seront *toujours recevables*. Il n'y aura plus de prescription ; la propriété terrienne n'est plus garantie.

Quid vis-à-vis des mineurs, interdits, femmes mariées ou autres incapables? — La principale objection qui dans tous les temps a été faite contre le bornage général, c'est la difficulté et même l'impossibilité d'opérer régulièrement, lorsqu'au nombre des intéressés, se trouvent des mineurs, des incapables. — Notre proposition levait la difficulté ; la loi du 17 mars n'en parle pas.

Cet article 8 est la justification du cri d'alarme que les géomètres ont jeté dernièrement par leur journal, pour avertir les propriétaires et les juristes du danger dont la propriété foncière terrienne est menacée par des ingénieurs et des fonctionnaires du ministère des finances, qui font, dans les communes de Neuilly-Plaisance et Massy, des essais de cadastre qui ont pour but de détruire les lois fondamentales de la dite propriété, et de leur substituer des procédés techniques insuffisants et dangereux.

Ces expériences sont exécutées par les soins et sous la surveillance de MM. Lallemand, ingénieur, Boudenoot, aussi ingénieur, et Saint-Paul, ancien contrôleur du cadastre, tous trois faisant partie de la sous-commission technique de la commission du cadastre, qui, *par une anomalie singulière,* s'occupe de la juridiction, alors qu'il y a une sous-commission juridique qui reste silencieuse.

De là, le péril social dénoncé par les géomètres qui affirment d'ailleurs : 1° qu'au plan de Neuilly, tous les propriétaires n'ont pas fait la reconnaissance des parcelles ; 2° qu'il est inexact de dire que les reproductions sur zinc soient rigoureusement semblables aux originaux ; 3° Qu'on ne peut connaître le prix de revient du travail de Neuilly, puisqu'on n'a fait entrer dans celui qu'on dresse, qu'une partie de la dépense effective, et qu'encore, dans cette dépense, ne sont pas compris les appointements du personnel qui a exécuté les travaux, lequel, appartenant au bureau de M. Lallemand, était directement payé par l'État ; qu'il en serait de même pour la commune de Massy qui aurait à payer six francs par hectares et trois francs cinquante centimes par parcelle. (*On a sans doute voulu dire par unité de propriété*). Le tout pour avoir un plan incomplet, inexact, qui ne ferait pas foi en justice, qui nécessiterait la dépense de deux milliards pour un plan général.

Les plans de Neuilly, qui sont donnés pour exemples, n'offrent pas de garanties à MM. les Géomètres-Experts. M. Sanguet, qui est maître en la matière, dit à la page 248 du 6° fascicule de la commission du cadastre, que tout y est mystérieux, hypothétique, *en l'air*, sans base réelle.

Il est établi, à la page 339, que les plans ne sont pas exempts de faute. A la page 461, M. Degouy affirme que les hommes les plus compétents sont très divisés sur la valeurs des plans et qu'on ne saurait croire à leur impeccabilité ni infaillibilité.

Il est impossible que les plans puissent relater les servitudes et autres circonstances de la propriété.

Les plans ne sauraient donc prétendre à la force des titres qui résultent des procès-verbaux de bornage.

Les plans doivent être faits par la méthode de cultellation ou par celle du développement. L'une et l'autre de ces méthodes ne reproduisent l'exactitude ni la certitude.

*
* *

L'article 9 pour la conservation du cadastre est impraticable, inapplicable, inefficace.

Le notaire qui recevra le consentement des parties, pour un acte translatif de propriété foncière, ne pourra pas savoir dans quelles conditions cadastrales se trouve la commune dans laquelle sont situés les biens dont il s'agira.

Cette question de conservation du cadastre a été agitée en 1867, à l'enquête agricole (voir les pages de cet ouvrage); nous l'avons traitée dans notre déposition devant la commission supérieure réunie à Paris sous la présidence de M. le Ministre de l'agriculture (*3ᵉ série, volume des dépositions orales, pages 407 et suivantes*). Nous y avons montré la nécessité de faire tourner l'instruction primaire dans le sens de la géométrie et spécialement de l'arpentage et des nivellements, afin d'obtenir facilement les plans indispensables pour la constatation des mutations.

Cette question a fait l'objet d'une disposition dans notre proposition de loi, *in fine*, page 194. Il faut aussi se reporter à ce que nous allons dire sur l'enseignement agricole.

*
* *

La loi du 17 mars 1898 a été suivie d'un décret créant au ministère des finances un service du renouvellement ou de la revision et de la conservation du cadastre, et d'un arrêté nommant chef de ce nouveau service, M. Lallemand, Ingénieur en chef des mines, Directeur du service du nivellement général de la France.

Voilà donc la question juridique du bornage sous la direction d'un grand maître de la science technique. Cette anomalie a motivé la constitution d'un comité consultatif du cadastre; remplace-t-il la commission extraparlementaire du cadastre?

*
* *

Le 11 février 1898, M. Auricoste a dit à la Chambre :
« M. Boudenoot a fait voter par la Chambre un projet de
« loi tendant à rendre plus rapide et plus économique la
« revision du cadastre. Ce projet est maintenant au Sénat ;
« il vient d'être rapporté par M. le Sénateur Morel. Je vois
« que M. Boudenoot aura bien de la peine à se reconnaître
« dans la nouvelle rédaction du Sénat. En tout cas, j'ai la
« profonde conviction que, si ce projet arrive à l'état de loi,
« celle-ci *restera lettre morte et ne produira aucun effet.*

« Tant qu'on s'en remettra aux communes du soin de refaire
« le cadastre, on ne fera rien. Il y aura peut-être quelques
« opérations isolées, mais il n'y aura jamais un travail d'en-
« semble. »

Il est suggestif de dire en quels termes d'*humour* M.
Boudenoot parle de la loi du 17 mars 1898, dont il est le
promoteur. — *Textuel*, page 299 du fascicule n° 6. — Séance
du 8 décembre 1897, à la commission du cadastre. — M. Boudenoot : « Notre commission a consacré 7 ans à la question.
La Chambre et le Sénat y consacreront au moins autant de
temps ; c'est à peu près le temps que Jacob a mis à se ma-
rier ; il travailla 7 ans pour Lia ; pour Rachel, 7 ans encore..... Le projet de loi que je propose est une préface
aux projets d'ensemble que nous avons en vue..... Sans
doute ce projet est destiné à disparaître. Je serai heureux
tout le premier, de le voir remplacer par la loi définitive
sur le cadastre..... Ce n'est pas par commune isolée qu'il
faudra procéder.... »

Citons encore d'autres passages du rapport de M. Cheysson :

Page 496. — « Le moment est donc venu pour la Commission plénière d'entrer en scène, de rapprocher ces travaux, jusqu'ici dirigés sous des angles différents, de les coor-
donner, d'assurer leur unité et de les faire converger vers
un même but. La période des études séparées est finie et
doit céder la place à celle de la concentration et de la syn-
thèse. »

La loi du 17 mars n'admet pas de nouvelles résolutions ;
la réunion plénière est devenue inutile.

Page 507. — « Les dépenses sont supportées par les propriétaires au prorata de leurs contenances respectives et
s'élèvent en moyenne à 15 francs par hectare, savoir :
5 francs pour la confection du cadastre et 10 francs pour
l'abornement ; mais, sur certains points, particulièrement
morcelés, accidentés ou litigieux, les frais se sont élevés
jusqu'à 25 et 30 francs pat hectare. »

Ces dispositions sont contraires à la loi du 17 mars, et, de
plus, elles indiquent les chiffres de 25 à 30 par hectare qui

nécessiteraient des milliards pour la confection du cadastre.

A la page 509, M. Cheysson fait l'éloge de notre système et dit : « Les opérations de M. Freyssinaud ne suppriment pas la nécessité de la réfection du cadastre, mais elles lui servent d'excellente préface. Une fois le terrain préparé par cette délimitation amiable, les géomètres peuvent venir et procéder avec sécurité à leurs opérations techniques. »

Mais alors il faut procéder comme nous le disons.

Le rapport de M. Cheysson s'élève partout contre l'obligation de la délimitation et du bornage qui est prescrite par la nouvelle loi.

M. Cheysson termine son rapport par l'annexion d'un avant-projet de loi proposée par la commission du cadastre. Cette loi, contraire à beaucoup de dispositions de la loi du 17 mars 1898, est à peu près conforme à nos propositions.

* * *

Nous croyons avoir démontré que la loi du 17 mars 1898 est défectueuse ; elle met en danger la propriété foncière ; elle engage inutilement les finances de l'Etat et M. Cheysson dit qu'elle charge le gouvernement de *responsabilités politiques et sociales*. Sa mise à exécution nécessite sa réforme et son complément avec de nouvelles dispositions législatives, des facilités, des dégrèvements.

L'inanité, l'inefficacité de toutes les mesures prises jusqu'à ce jour pour faire et refaire le cadastre au point de vue physique et juridique de la propriété foncière, nous fait persister dans la pensée que l'opération *individuelle* du bornage (le bornage particulier des propriétés particulières) est le seul mode qui puisse réussir.

Nous n'avons pas la prétention d'imposer nos idées ; mais nous espérons qu'avec l'appui de personnes autorisées, nous arriverons à faire examiner et discuter ces graves questions pour aboutir à des résolutions utiles à la propriété foncière terrienne.

Pour donner de l'efficacité à la loi du 17 mars 1898, il est indispensable de lui adapter les dispositions de notre projet, comme, par exemple, l'obligation à l'Etat de faire borner les routes, les biens communaux, les biens de l'Etat, ceux qui sont sous sa surveillance. Tout le pays souffre de l'incertitude des limites des routes. Les biens communaux sont envahis, faute de bornage, etc., etc.

L'impulsion judicieuse au bornage doit être donnée par le gouvernement, suivant le rapport de M. Casabianca.

La dispense des frais profitant au fisc est conforme au projet de loi de 1877.

Il est indispensable de donner aux juges de paix la compétence pour juger, sauf appel, les questions de bornage.

Toutes les opérations de bornage et de délimitation seront nulles, vis-à-vis des mineurs et des incapables, si le législateur ne donne pas aux tuteurs et administrateurs le droit de provocation et de défense au bornage en premier ressort.

La nécessité d'inscrire les noms et qualités des propriétaires est évidente.

Pour la conservation du cadastre, il est indispensable d'obliger les notaires et autres officiers ministériels à annexer aux actes, des plans figuratifs.

La loi du 17 mars 1898, ne saurait se passer des dispositions ci-dessus ; il faut la compléter.

Dans son rapport à la Chambre des députés, M. Boudenoot dit que le projet de révision du cadastre est utile et intéressant pour la propriété rurale qui doit en recevoir le salut et la prospérité ; que cette mesure devient de plus en plus nécessaire, mais qu'il ne faut pas attendre le grand travail d'ensemble ; qu'il vaut mieux résoudre, par la méthode expérimentale, suivant les diverses régions de la France, le problème qui, pris en bloc, présenterait les plus grandes difficultés. C'est tout notre programme établi dans notre proposition de 1893. Seulement, nous sommes en divergence sur les voies et moyens.

On trouve dans le rapport très sage de M. Delombre la crainte des livres fonciers qui le *hante*, alors qu'il reconnaît la nécessité de les faire.

MM. les professeurs Cheysson et Beauregard ont donné à cette loi les épithètes d'avant-garde et d'essai ; elle ne les mérite pas. L'avant-garde a pour mission d'*éclairer* le régiment, de démasquer les embuscades ; cette loi fait le contraire. Elle n'est pas une loi d'essai, malheureusement elle est définitive et peut produire par ses articles 7, 8 et autres, les résultats néfastes que nous avons indiqués. Déjà elle a supprimé la commission du cadastre.

Nous donnerons aux annexes, des extraits d'un savant article de M. Beauregard, député et professeur de droit, qui termine la critique de la loi du 17 mars par ces mots : *C'est une loi à refaire*. Nous y donnerons aussi le texte du projet des conventions rédigé par M. Saint-Paul en vue de la délimitation des propriétés de la commune de Massy.

Dans un remarquable article du *Monde Universel*, M. René Lavollée dit que la loi du 17 mars 1898 est une *tuile* colossale qui tombe sur la tête des propriétaires et des contribuables. Avec une logique très serrée, sa dissertation enchevêtre les questions fiscales et juridiques ; mais ses conclusions les distinguent. Sur la question juridique l'auteur dit avec raison que le plus grand danger de cette loi est dans les pouvoirs de la commission de délimitation, qui, dans certaines circonstances, pourrait opérer des spoliations, et il ajoute que, dans ces conditions, la délimitation ne fera qu'augmenter l'incertitude des limites. — Sur la question fiscale nous sommes d'accord avec M. Lavollée à déplorer la dépense inutile d'un milliard et la situation anormale des contribuables qui sont *taillés* par ceux qui ne payent pas. L'éducation du suffrage universel est à faire.

*
* *

Il ne faut pas que cette loi soit une lettre morte, comme l'a dit M. Auricoste. Il ne faut pas, comme l'a dit M. Bassot, membre de l'Institut, qu'elle arrête l'œuvre du bornage et du cadastre. Il ne faut pas qu'elle oblige M. le ministre des finances à déclarer qu'il n'a rien de ce qu'il faut pour sa mise à exécution. Il faut, au contraire, qu'elle produise de *bons effets*. Son application au bornage des communaux aurait les résultats heureux que nous signalons au chapitre des délimitations particulières de ces sortes de biens. Les communes trouveraient dans les dispositions de cette loi des facilités d'exécution pour la dite mesure et les moyens de se procurer les ressources nécessaires pour faire face aux dépenses, qui du reste seraient minimes.

La Chambre remettra la question du cadastre en délibération et reprendra notre proposition de loi, pour régler définitivement le bornage cadastral qui intéresse au plus haut degré la propriété foncière. M. le Ministre des finances, auquel notre proposition a été envoyée, peut lui faire donner suite.

Le bornage cadastral est une mesure économique, démocratique et sociale qui s'impose. Elle est économique, comme base fondamentale de la propriété foncière, comme sécurité de tous les crédits ; elle est démocratique, parce que la démocratie rurale souffre le plus de son absence ; elle est sociale, puisqu'elle doit porter la détermination physique, juridique et fiscale de la propriété foncière sur laquelle la société est assise.

Si nous avons réussi à faire dans le canton nord de Limoges le livre terrier juridique par le bornage cadastral, c'est que nous avons agi par les moyens simples, usuels, légaux et sociaux.

Si M. l'ingénieur Lallemand a pu faire le livre terrier de la commune de Neuilly-Plaisance, c'est qu'il a suivi notre exemple, qu'il a utilisé les documents et les explications que nous avons eu le plaisir de lui fournir.

Il est certain que le cadastre (livre terrier) serait fait en France, si les gouvernements de l'Empire et de la République avaient donné suite aux observations et propositions que nous avons présentées en 1866 et renouvelées en 1893. M. Grimpel, conseiller-maître à la Cour des comptes, a dit à la commission du cadastre que, sous l'Empire, le mot d'ordre était de *conclure contre toute réforme cadastrale*. — Sous la République, notre proposition de loi envoyée par la Chambre à M. le Ministre des finances a été dénaturée.

Notre propostion, qui s'explique par elle-même, avait puisé ses motifs principaux dans le rapport que le sénateur Casabianca a fait en 1856 sur le code rural.

A la commission du cadastre les approbations n'ont pas manqué. Les dispositions et les vœux sont, pour la plupart, conformes à nos propositions.

Une personne de grande autorité nous écrivait dernièrement ceci : « Le moment est venu de s'étonner que votre système si simple, si économique, si pratique n'ait pas déjà été accepté et appliqué. »

*
* *

Le bornage devant la Société des Agriculteurs de France.

La Société des Agriculteurs de France était à peine constituée, qu'elle mettait à son ordre du jour les questions de bornage, livre foncier-terrier, constitution et transmission de la propriété foncière rurale.

Un des membres de cette Société, M. le sénateur Labiche, a fait un rapport très circonstancié, dont les conclusions favorables au bornage ont été acceptées. Il a donné, comme exemple, les travaux de bornage que nous faisions exécuter alors dans le canton nord de Limoges.

A la session de 1873, sur un rapport de M. Cochin, elle a voté le bornage obligatoire pour constituer le grand livre foncier terrier et le tenir au courant des mutations.

Les discussions, au congrès international de la propriété foncière, avaient édifié sur les tendances de quelques économistes qui voulaient un livre foncier exotique, diabolique.

En repoussant les livres fonciers tels qu'ils étaient présentés et définis par la commission du cadastre, le congrès et la société n'ont pas repoussés l'idée de constitution de la propriété, de la sécurité de sa transmission ; ils l'ont, au contraire, affirmée en recommandant le bornage.

C'est cette mesure utile, économique, politique, conservatrice, démocratique, sociale et libérale que nous avons demandé à la Société des agriculteurs de continuer à préconiser. Le bornage devait fournir les éléments du livre terrier qui aurait été celui des agriculteurs de France.

Le 14 décembre 1893, M. le président Sénart a fait à la dite société une communication pour lui soumettre notre travail.

La commission extraparlementaire du cadastre a délégué M. Bonjean, l'un de ses membres, près de la Société des agriculteurs de France, pour lui expliquer son livre foncier. M. Bonjean n'a pu obtenir d'être entendu.

La loi du 17 mars 1898 a ému la Société. Elle a accepté nos observations qui en indiquaient les défectuosités et les dangers. Seulement, nous proposions de la réformer, de la compléter. La Société a conseillé aux communes de ne pas s'en servir, sauf aux propriétaires à s'entendre entre eux pour le bornage de leurs propriétés. C'est la consécration de notre système.

Dans un rapport très documenté, très circonstancié, M. le le député Fouquet a dit ceci : « La loi du 17 mars 1898 a donné lieu à de très intéressantes observations de notre collègue Freyssinaud, qui a indiqué les modifications qu'elle devait subir pour rendre les services qu'on attend d'elle. »

Sur nos propositions, la Société a aussi proclamé la nécessité de borner les communaux et les talus de routes. C'est par cette mesure que la loi du 17 mars 1898 doit être mise à exécution.

A la Société des agriculteurs de France, où nos propositions sur la loi du 17 mars 1898 ont été discutées, M. Le Marois, avocat à la la Cour de cassation, a parlé dans le sens des réformes ; il s'est dressé contre la répulsion draconienne de cette loi.

*
* *

*Instruction primaire. — Enseignement agricole
à tourner dans le sens de la géométrie et spécialement
de l'arpentage et des nivellements.*

L'instruction primaire, se rattache essentiellement à la réfection et à la conservation du cadastre ; nous insistons sur cette vérité dont la loi du 17 mars 1898 a fait une nécessité. — Avant d'indiquer le mode de procéder que nous croyons le plus simple, le plus pratique et le plus économique pour ces grandes œuvres, il est utile de parler des rapports de l'enseignement agricole avec le bornage et la conservation du cadastre.

A la séance du Sénat du 4 juin 1898, M. Leplay, sénateur de la Haute-Vienne, a interpellé le gouvernement sur l'insuffisance de l'enseignement agricole dans les écoles primaires. — Il a montré les embarras de l'agriculture, les charges et les inconvénients qui pèsent sur la propriété et la démocratie rurales. Il a donné comme moyen de les soulager, l'enseignement agricole, vulgarisant les connaissances pratiques chez les plus modestes ouvriers ruraux.

Parmi ces connaissances utiles et pratiques, nous en présentons une qui fait depuis quarante ans l'objet de nos préoccupations. Elle prend aujourd'hui une grande actualité dans la loi du 17 mars 1898 sur la revision du cadastre. — Nous voulons parler de l'enseignement agricole tourné dans le sens de la géométrie et spécialement de l'arpentage et des nivellements.

Il est nécessaire d'expliquer le lien qui relie l'enseignement agricole au cadastre et de rapprocher ces deux mots qui paraîssent distants.

Le mot cadastre entraîne l'idée complexe de la fiscalité et de la géométrie ; mais il renferme aussi l'idée de la constitution physique et juridique de la propriété foncière rurale, par la délimitation et le bornage des propriétés. Laissons, pour le moment, de côté la fiscalité pour ne parler que de la géométrie élémentaire et du bornage usuel dans les campagnes, afin de montrer l'utilité de l'enseignement agricole pour, les nombreuses circonstances où la propriété rurale aura besoin du concours des écoles primaires, pour sa constitution et sa transmission.

La loi du 17 mars 1898 sur la revision du cadastre rend indispensable l'enseignement agricole tourné dans le sens de la géométrie et spécialement de l'arpentage et des nivellements.

A la lecture de cette loi, on demeure convaincu de la nécessité, pour tous les propriétaires grands et petits, de savoir lire les plans géométriques, de savoir en faire l'application sur les terrains, d'être en mesure de les discuter, de pouvoir en établir de nouveaux.

C'est surtout l'article 9 (conservation du cadastre) qui rend indispensable l'enseignement agricole tourné dans le sens que nous avons indiqué.

Cette question de l'enseignement agricole nous a préoccupé depuis longtemps. En 1860, nous nous sommes mis à l'œuvre de la constitution physique et juridique de la propriété foncière rurale, par le bornage cadastral. Nous avons ainsi opéré le grand livre terrier juridique qui sert depuis 30 ans de règle entre les propriétaires du canton nord de Limoges.

Dans les départements du centre de la France, les géomètres de profession sont rares ; on est obligé de s'adresser aux fonctionnaires qui pratiquent la science de la géométrie.

Il est difficile de les détourner de leurs occupations habituelles, et, de plus, il faut les payer très cher.

Pour obvier à ces inconvénients, il nous est arrivé souvent, dans le cours de nos opérations de bornage, de nous faire assister et aider par les instituteurs et leurs écoliers.

En 1868, nous avions institué, pour les écoles primaires de Limoges, des prix d'arpentage et de nivellements ; voici en quels termes le journal de la localité rend compte de la distribution de ces prix.

« Prix pour l'arpentage et le nivellement institué par M. Freyssinaud, juge de paix du canton nord de Limoges.

« Concours des écoles primaires de la ville de Limoges.

« . . . .

' « Concours des écoles primaires du canton nord extra muros.

« . . . .

« Avant de lever la séance M. le Président a remercié chaleureusement, au nom de M. le ministre de l'instruction publique, M. Freyssinaud, de l'excellente initiative qu'il a prise et dont on peut espérer les meilleurs résultats. »

On peut se demander si l'instruction primaire, dirigée dans un sens favorable à l'agriculture et tout spécialement de l'étude des questions d'arpentage et de nivellement, peut arriver à la solution demandée ou plutôt aux résultats entrevus.

La vérité sort des compositions qui portent les opérations d'application du cadastre actuel, de son renouvellement et de sa conservation, sérieusement et exactement faites par les jeunes élèves des écoles primaires du canton nord de Limoges, qui ont concouru aux prix établis.

Les élèves ont retracé par écrit et sur le terrain les limites des numéros du cadastre sur lesquels s'étendent le champ de foire de Limoges et la grande esplanade de l'église de Couzeix ; c'est *le bornage d'après le cadastre actuel.*

Ils ont, sur la feuille cadastrale, tracé à l'encre rouge les lignes nouvellement établies, les modifications faites sur le terrain depuis la confection du cadastre : c'est le *cadastre rectifié, renouvelé.*

Ils ont indiqué sur la feuille cadastrale les lignes *divisoires* d'un terrain à partager : c'est le *cadastre tenu au courant des mutations.*

* * *

Lorsqu'on a fait le cadastre en France, les hommes suffisamment instruits manquaient ; les instruments manquaient également de perfection ; on prenait partout de simples chaîneurs, des aides géomètres, pour en faire des géomètres et le travail se faisait tant bien que mal et par à peu près ; il y avait peu de concours à attendre des autorités municipales et des populations ; on ne pouvait faire qu'une œuvre imparfaite ; on la fit au point de vue de l'impôt.

Aujourd'hui les circonstances seraient meilleures ; mais on souffrira beaucoup des difficultés anciennes, si l'on n'introduit pas dans les écoles primaires les éléments d'arpentage, de nivellement et de lecture des plans.

Des nivellements : Toutes les fois qu'on parle d'arpentage, l'idée des nivellements suit de près, car dans les propriétés se trouvent toujours des servitudes d'eau, de passage ou autres qui nécessitent l'emploi du niveau. Cette science est si facile, que déjà la plus grande partie des élèves en connaissent les éléments. Son utilité appliquée aux irrigations et aux drainages n'a pas besoin d'être démontrée, surtout dans notre beau pays, où les prairies naturelles, arrosées par des eaux vives bien réparties, produisent des végétations véritablement luxuriantes, où les terres drainées produisent d'abondantes récoltes. De même en Tunisie, en Algérie où la pratique des irrigations est telle que, dans le concours agricole qui s'est ouvert à Tunis, il y a eu des prix spéciaux pour les irrigations.

Tout le monde comprend que l'usage du niveau entre les mains des cultivateurs chargés de rigoler les prés, d'arroser les vignes et les autres cultures, leur apprendra à conduire les eaux dans les endroits où les irrégularités du terrain trompent l'œil le mieux exercé et font négliger des parties sèches et arides, qui peuvent être vivifiées par des irrigations bien conduites, de même que les terrains humides peuvent être fécondés par les desséchements.

La pratique des nivellements est appelée à un grand avenir ; c'est par les élèves des écoles primaires qu'elle doit pénétrer de plus en plus dans les campagnes.

Pour arpenter et niveler il faut des instruments. On regrette de constater que la plus grande partie des écoles primaires de France, d'Algérie et de Tunisie, manquent de ces instruments essentiels. Ce serait le cas de demander à Leurs Excellences MM. les Ministres de l'Instruction publique et de l'Agriculture, de ne point oublier ces écoles dans la répartition des fonds alloués par la loi du 26 juillet 1868 et autres et de les faire doter des instruments indispensables à la pratique des arpentages et des nivellements, au point de vue agricole.

On ne comprend pas qu'après tout ce qui a été dit et fait depuis 1863 jusqu'à nos jours, la question de l'instruction primaire dans le sens de l'agriculture soit restée la même.

Le second Empire s'est préoccupé de ces questions ; nous en trouvons la preuve dans un décret impérial du 2 juillet 1864 qui rend obligatoire dans les écoles normales primaires l'enseignement de l'agriculture, de la géométrie, de l'arpentage et du nivellement, et dans les rapports géminés des ministres de l'agriculture et de l'instruction publique à l'Empereur au mois de février 1867.

Ces rapports ont été suivis d'un autre décret qui nomme une commission chargée d'étudier et de proposer les mesures nécessaires pour développer les connaissances agricoles dans les écoles normales primaires, dans les écoles communales et dans les cours d'adultes des communes rurales.

Le 8 avril 1868, M. le ministre de l'agriculture, présidant une distribution de récompenses, prononçait ces paroles : —
« Parmi les questions importantes soulevées par l'enquête,
« il en est deux qui sont déjà l'objet de l'attention parti-
« culière du gouvernement, je veux parler de l'enseignement
« agricole et des chemins vicinaux.

« Une commission spéciale, composée des hommes les
« plus compétents, a indiqué les mesures à prendre de
« concert avec M. le Ministre de l'Instruction publique, pour
« former dans les écoles normales primaires des instituteurs
« capables d'enseigner aux enfants certaines connaissances

« utiles à l'agriculture. *L'instruction dans les campagnes* « *doit surtout avoir un but pratique, les notions de l'ar-* « *pentage, des nivellements* ».

En 1889, nous avons été admis à l'exposition scolaire en collaboration avec M. le ministre de l'Instruction publique. Nous avons fourni à cette exposition une collection de plans, que nous avons appuyés d'un mémoire.

En 1893, nous avons fait accepter par la Chambre des Députés une proposition de loi qui porte ces dispositions. .

« *Ecoles primaires.* — Dans les écoles primaires, dans les cours supérieurs des écoles élémentaires, dans les classes d'adultes, l'instruction sera dirigée vers les études de la géométrie, particulièrement vers l'arpentage et les nivelle-ments. Ces écoles seront dotées des instruments indispensa-bles à l'étude et à la pratique de cette science. »

A l'exposition philomathique de Bordeaux qui a eu lieu en 1895, nous avons envoyé nos plans et documents ; le jury nous a décerné une médaille d'argent. La commission a gardé les motifs de notre exposition et, malgré l'insistance de notre correspondant, elle ne nous a pas rendu nos plans. Nous sommes ainsi privé de la satisfaction d'en donner com-munication.

L'ère de la géométrie va s'ouvrir de nouveau. La nécessité de son concours va lui donner un brillant éclat. L'étude de ses éléments est appelée à fournir les plus grands avantages.

*
* *

Mode de procéder pour le bornage cadastral.

Il est utile de copier quelques pages du rapport de M. le sénateur Casabianca sur le code rural. C'est sous les impres-sions de ce rapport que nous avons conçu notre travail et que nous avons fait, par le bornage cadastral, le livre terrier du canton nord de Limoges. Cette opération a été faite, sim-plement, avec l'assentiment, même le concours, des proprié-taires aidés de toutes les influences locales (').

Année 1856. — Sénat. — Extrait des rapports faits par M. le

<hr>

(1) Bornage *à la bonne franquette*.

comte de Casabianca au nom de la Commission du Code rural, et adressés par le Sénat à l'Empereur. — Votés sans modifications dans la séance du 3 avril 1856.

§ 2. — *Bornage*.

« Le Code Napoléon a rangé parmi les servitudes l'obligation imposée à tout propriétaire de concourir, si le voisin le requiert, à l'abornement des immeubles contigus. Cette opération est facile et peu dispendieuse, toutes les fois que les parties sont d'accord sur les limites. Malheureusement il n'en est plus ainsi, dès que s'élève une question de propriété. Il faut alors, quelque minime que soit la valeur du terrain contesté, recourir au tribunal de première instance. Ces sortes de procès nécessitent des expertises et souvent des enquêtes et des descentes sur les lieux, quelquefois même la mise en cause de tous les voisins. De là des frais énormes et d'interminables incidents. Les parties reculent devant ces épreuves ; et voilà pour quel motif on rencontre en France un si grand nombre de propriétés rurales qui n'ont ni bornes ni clôtures, et dont la ligne séparative n'est marquée que par un sillon de charrue. La facilité des empiètements les multiplie. Combien de cultivateurs, devenus petits propriétaires, qui, si leur champ n'est pas borné, ne se font pas scrupule de l'agrandir au détriment de celui de leur voisin ! C'est, dans les campagnes, la principale cause de désunion, de voies de fait ou de litiges ruineux. La législation qui les préviendrait serait donc éminemment utile ; mais par quels moyens ? Ici des difficultés inextricables se présentent.

Déclarer le bornage forcé et y faire procéder par voie administrative, ce serait ébranler le droit de propriété dans ses fondements et couvrir la France de procès.

La voie de la persuasion nous paraît devoir être plus efficace que celle de la contrainte législative, pour déterminer la masse des propriétaires à borner leurs champs. On nous a cité des juges de paix qui ont reçu de leurs administrés le mandat de délimiter eux-mêmes toutes les propriétés de leur ressort, qui se sont acquittés de cette tâche si importante à la satisfaction générale et qui ont ainsi fait disparaître de leur canton tout germe de discorde. Nous émettons le vœu que le Gouvernement donne de la publicité à ces faits, in-

dique la marche qui a été suivie, *invite les magistrats des
localités, juges de paix, maires, adjoints, à imiter cet
exemple, les y encourage par des récompenses honorifiques,
fasse un appel à tous les autres fonctionnaires, aux membres des Conseils généraux, des départements, des communes, des chambres d'agriculture, des comices agricoles,
et les engage à user de toute leur influence, à unir leurs
efforts pour fixer partout la propriété par des signes apparents et incommutables* . . . .

On pourrait faciliter l'opération du bornage *en diminuant
les frais judiciaires ;* la réduction des droits d'enregistrement porterait sur les actes que désignerait un règlement
d'administration publique. On rendrait aussi les expertises
moins onéreuses, si on en chargeait les fonctionnaires déjà
salariés par les communes ou l'Etat, arpenteurs, géomètres,
agents voyers, employés des ponts et chaussées. On leur
alloucrait une taxe moins élevée qu'aux experts actuels, et on
leur recommanderait de ne donner à leurs procès-verbaux
que l'étendue strictement nécessaire. »

*
* *

Identité et qualité des propriétaires.

Il est de principe que le bornage, pour avoir la force et
les qualités de titre, ne peut être fait que du consentement
des propriétaires des terrains contigus, ou par suite d'une
demande judiciaire en bornage (art. 446 du C. c.). Les intéressés dans le bornage devront donc réciproquement s'assurer des droits des voisins et de leur situation au point de
vue de la propriété. Les détenteurs, fermiers ou autres chargés de procuration peuvent donner la désignation de celui
pour qui ils exploitent une propriété rurale.

Le mode de convocation varie de la simple lettre à la ci-
tation.

Mineurs, interdits, communes, établissements publics.

La principale objection qui, dans tous les temps, a été
faite contre la délimitation générale, c'est la difficulté, et
même l'impossibilité d'opérer régulièrement, lorsqu'au nombre des intéressés se trouvent des mineurs, des établissements publics, etc.

Depuis plusieurs années, partout où il y a bonne gestion, les propriétés rurales des établissements publics sont particulièrement l'objet de délimitations isolées, malgré les difficultés et les vices inhérents à l'opération ; toujours les tuteurs et autres représentants des incapables prennent part à cette opération, et même parfois la requièrent, sans qu'on ait jamais songé à l'attaquer et à la faire annuler comme irrégulière.

Néanmoins, il sera bon, pour donner une complète sécurité à tous les propriétaires qui concourront aux délimitations générales, d'insérer dans une loi la disposition qui consacrera en principe le droit pour les tuteurs et autres administrateurs de consentir dans ces opérations à toutes les conventions relatives à la fixation des limites des propriétés dont ils ont la gestion, de manière à donner à ces conventions un caractère de légalité incontestable. C'est ce que nous avons demandé dans notre proposition de loi.

Immunités, primes, subventions.

Le Gouvernement devra favoriser, par tous les moyens qui sont en son pouvoir, la délimitation générale, dont les résultats seront si utiles, si précieux à tous les points de vue. Il doit être, il est assurément loin de sa pensée de l'exploiter comme une source d'impôts nouveaux.

Les encouragements du Gouvernement qui s'étendent avec une si judicieuse générosité sur toutes les institutions d'utilité publique, spécialement sur celles qui s'appliquent au progrès et à la prospérité de l'agriculture, ne devront pas se borner aux immunités dont nous venons de parler.

Il pourra être bon d'accorder des primes aux propriétaires qui exécuteront des délimitations, surtout dans les premiers temps où dans certaines localités ce stimulant sera reconnu nécessaire : le Gouvernement y trouvera l'avantage, au moyen de cette modique dépense, de se procurer un cadastre bien préférable à l'ancien, qui lui a coûté si cher (¹).

*
* *

Crédit hypothécaire. — Crédit agricole.

La loi du 20 juillet 1860 a autorisé la création d'un éta-

---

(1) Noizet.

blissement annexé à celui du Crédit foncier pour réaliser sur ce point les intentions de l'Empereur, manifestées dans le programme du 3 janvier précédent, en ces termes : « *Il faut faire participer l'Agriculture aux bienfaits des institutions de crédit* ».

Cette institution dite *Caisse du crédit agricole* est organisée ; un décret du 16 février 1861 a approuvé les statuts de la société anonyme formée à Paris sous cette dénomination, tels qu'ils sont contenus dans un acte notarié du 30 janvier précédent ; elle s'accommodera et se prêtera plus que celle du Crédit foncier aux besoins, aux mœurs et aux habitudes des petits cultivateurs, mais elle ne peut faire disparaître le vice capital du défaut de bornage.

La délimitation des propriétés rurales, en leur donnant la consistance et la stabilité qui leur manquent, et en régularisant leur transmission et les moyens de justifier leur possession, est le seul remède qui permettra à la petite culture de profiter de ces avantages créés particulièrement pour elle et dans son intérêt.

Ainsi, dès 1808, lorsque le Gouvernement consulta les cours impériales sur un projet de code rural, la cour de Grenoble, après une dissertation fortement motivée, demanda que ce code posât, en principe, l'obligation pour tous les propriétaires ruraux de délimiter leurs terres, et déterminât les règles et les procédés de la délimitation générale. Les cours de Nancy et d'Amiens émirent à cette occasion des opinions fort remarquables dans un sens analogue.

Les conséquences de la loi du 20 juillet 1860 ont été poursuivies jusqu'en ces derniers temps ; elles font encore aujourd'hui l'objet des préoccupations des économistes et du Gouvernement. — La loi du 24 juillet 1867 a accordé toute facilité pour fonder des sociétés de crédit agricole, des caisses de crédit rural. — La loi de 1884 facilite la création des syndicats agricoles.

En 1892, il a été présenté un projet de banque agricole qui fut abandonné. — La loi du 5 novembre 1894 a créé les sociétés locales du crédit agricole. — En 1898, M. Méline, président du conseil, présenta pour le Gouvernement un projet de loi ayant pour but « l'institution de caisses régionales de crédit mutuel et les encouragements à leur donner, ainsi qu'aux sociétés et aux banques locales du crédit agricole mutuel ».

D'un autre côté le crédit hypothécaire fut soumis a des études et motiva des rapports de la part des hommes compétents et spéciaux.

A tous ces grands travaux, à toutes les mesures qui tendent à favoriser les crédits hypothécaires, agricoles ou autres, nous répondrons par le renvoi à nos observations faites au congrès international de la propriété foncière, pages 63 et 64.

*
* *

Bases d'après lesquelles le bornage doit être effectué. — Les titres. — La possession.

La possession annale doit être le moyen principal pour fixer les limites ; elle joue le plus grand rôle, mais elle n'est pas exclusive des moyens de fait et de droit.

Nous n'avons pas à nous inquiéter du pétitoire ; il est examiné par les tribunaux après épuisement de la conciliation.

Possessoire et pétitoire donnent lieu à des difficultés souvent inextricables ; nous en abandonnons l'étude à Messieurs les Juristes avec toutes les subtilités qui les entourent. Nous en affranchissons les gens simples, mais pratiques, avec lesquels nous voulons faire du bornage. Les propriétaires fonciers, agronomes, conseillers municipaux, experts, géomètres, hommes d'affaires de toutes les catégories, habitués aux choses de famille et de propriétés, les personnes étrangères à la magistrature, mais initiées aux intérêts de la propriété foncière rurale, ceux qui sont journellement chargés par les tribunaux ou par les parties de reconnaître la possession, la limite des héritages, d'appliquer des titres, de constater des anticipations, de planter des bornes, etc., ceux-là n'ont pas besoin de connaître la doctrine, souvent incertaine sur ces questions. Il en est autrement des juges de paix et magistrats des degrés supérieurs, des avocats, avoués et autres officiers ministériels ; ceux-ci sauront trouver les ouvrages de droit, qui les édifieront sur les différents cas en controverse.

L'importance pratique du bornage n'est pas douteuse ; et cependant, chose étrange, malgré la multitude des questions de bornage, malgré leurs difficultés qui tiennent aux appréciations les plus délicates, celle des titres et de la possession, aucun ouvrage, aucun monument de jurisprudence, n'existe sur ce sujet.

Nous cherchons à combler ce vide par les diverses matières élémentaires que nous traitons relatives au voisinage. Nous croyons ce travail utile puisqu'il n'est pas un propriétaire, un détenteur ou régisseur des biens d'autrui, qui n'ait besoin d'y recourir journellement, pour s'éclairer sur ses droits et devoirs envers ses voisins. Et de plus, en ce moment où la question de bornage est à l'ordre du jour sous les diverses appellations de Cadastre, Livres fonciers-terriers et autres, il faut que les propriétaires soient avertis et qu'ils se tiennent prêts sur la défense de leurs droits, surtout en présence de la loi du 17 mars 1898.

Nous ne nous dissimulons pas toute la difficulté de notre sujet. il semble que plus on va, plus les obstacles naissent ; mais les encouragements que nous avons reçus, les prises en considérations de notre travail, qui date de 40 ans, sa consécration dans diverses mesures gouvernementales, doivent être pour nous un motif de persévérance dans un projet depuis longtemps conçu, mais retardé, par suite des circonstances.

Dans les conditions où nous nous plaçons vis-à-vis des personnes et des choses, les difficultés de notre entreprise nous paraissent diminuées. Notre travail reçoit un caractère d'opportunité par la loi du 17 mars 1898, qui laisse plus que jamais dans les limbes la question juridique sur le bornage.

Titres : Pour les demandes en revendication, les titres sont très utiles ; ils ont aussi très souvent des indications pour les limites ; mais en l'absence de ces indications ils sont d'un faible secours. Dans notre déposition à l'enquête de 1867, nous avons suffisamment édifié sur la valeur des titres qui sont pour la plupart, *res inter alios acta*, et qui ne peuvent servir à régler les questions de contenance; nous y avons aussi parlé de l'inanité des mesurages, on peut s'y reporter.

La possession annale : Malgré notre désir d'éviter la doctrine, il nous faut sommairement parler de la possession, pour guider les propriétaires dans la recherche et la défense de leurs droits. Elle est une présomption légale de la propriété; elle doit remplir les mêmes conditions que celles qu'exige la loi pour prescrire.

Les actes de possession varient suivant la nature des terrains, les usages des pays, les circonstances diverses. Il faut que ces actes soient bien spécifiés ; des actes légers ne sont pas suffisants. Ils doivent être faits *animo domini*. Les anticipations peu considérables qui sont des variations de labourage, de sciage des blés, de fauchage des herbes, de ramassage de fruits, même de coupe de bois taillis et autres cas semblables, ne tirent pas à conséquence pour la possession et la prescription.

Du reste, il ne faut pas oublier que, dans les bornages, il faut avoir en vue la conciliation, l'amiable composition, pour lesquelles l'application draconienne du droit n'est pas indispensable ; c'est le cas d'appliquer le principe, *sommum jus somma injuria*, surtout entre voisins qui doivent vivre en bonne intelligence.

*

L'action en bornage est-elle réelle, personnelle ou mixte ? — Sans vouloir entrer dans la doctrine, nous dirons que l'objet auquel elle se rapporte étant essentiellement immobilier, cette action est réelle, et cependant plusieurs auteurs l'ont considérée comme personnelle. Pottier dit qu'elle a ce caractère, puisqu'elle naît de l'obligation personnelle que les voisins ont contractée par le voisinage. Nous aimons mieux dire avec Poncet qu'elle est mixte.

Gardons-nous de confondre l'action en bornage avec l'action en revendication.

*

Des règles du bornage. — Ce qu'on doit y comprendre : chemins publics et privés, rivières, ruisseaux, haies, confins fossés, titres, etc. (Millet, page 351.)

En dehors de la borne proprement dite, les autres signes limitatifs qui ont certaines dimensions, qui sont soumis à des variations, ont besoin eux-mêmes de points fixes et de signes mathématiques appliqués sur eux et désignés dans les écrits. Aux rochers, aux murs, aux arbres, on incruste des rainures, des croix, des marques quelconques. Aux fossés, aux haies, aux tertres on place des bornes en pierres pour fixer et assurer la ligne divisoire ; on en met aussi aux pieds des arbres, des pieds corniers. Les rideaux, termes ou lisières qui ont quelquefois des dimensions considérables doivent être munis de bornes à points fixes pour empêcher les empiètements, les déchaussements, les éboulements.

Dans certains pays, les tertres sont supposés faire partie de l'héritage supérieur, dans d'autres c'est le contraire. Nous estimons que ceux qui sont chargés du bornage doivent tenir compte des usages, des circonstances, des exigences de l'agriculture et des dispositions des terrains. La possession peu^t être déterminante.

Les clôtures appartiennent le plus souvent aux héritages qui en ont besoin.

Les arbres et les haies non mitoyens sont censés plantés en deça de la ligne séparative.

Les chemins privés, toutes les voies privées, qu'ils portent le nom de ruraux, vidanges, sentiers, sentes, piésentes, de servitude ou autrement, étant communs, à moins de titres contraires, aux propriétés qu'ils bordent, doivent être bornés; d'abord pour en empêcher la variation de çi et de là, ensuite pour fixer la jouissance à cause des herbes, des feuilles, des fruits, comme la chataigne, les noix, etc.

Les petites rivières, les ruisseaux, doivent aussi recevoir le bornage pour les mêmes motifs.

*
* *

Recherche des bornes. — Plantation de bornes.

Les discussions de délimitation ne se jugent bien que sur les lieux. C'est en leur présence que les titres s'interprètent sans équivoque ; que les subterfuges échappent à la mauvaise foi ; que les droits s'éclaircissent.

Lorsque la ligne de séparation entre deux propriétés est incertaine, il faut d'abord consulter les titres et les anciennes marques s'il en existe ; ensuite la possession ; enfin le ca-

dastre et autres renseignements publics. Il faut rechercher
les bornes par les moyens pratiques, qui varient suivant les
contrées, leurs usages, etc. Il en est de même pour leur
plantation.

Parmi les marques sur le terrain, il y a celles des sillons
ou autres travaux manuels dont les empreintes sont de lon-
gue durée. C'est autour de ces marques, de ces sillons,
qu'il faut fouiller pour trouver les anciennes bornes.

Lorsqu'entre deux voisins les titres manquent, c'est le cas
d'appeler à son aide toutes les autres circonstances, la possession, les signes limitatifs, les bornes naturelles du terrain,
ravins, ruisseaux, etc. ; la disposition des lieux, les anciens
arpentages, plans terriers, cadastre et autres documents
utiles à découvrir la vérité et fonder une décision.

On doit s'attacher aux confins plus qu'à la contenance,
qui dans les actes est presque toujours indiquée d'une manière incertaine. On a même vu des acquéreurs insister pour
que la véritable contenance soit augmentée afin de s'en pré-
valoir par la suite. Le principe que les confins doivent être
préférés à l'énonciation de contenance est d'une jurisprudence constante.

A mesure que les propriétaires se mettent d'accord sur la
délimitation, on place des pieux, des bornes provisoires qui
deviennent définitives par la plantations de bornes fixes,
décrites dans le contrat de bornage.

On peut borner les héritages par toutes sortes de ma-
nières : planter des arbres, des haies pour servir de limites,
creuser des fossés, élever des murs, etc. Mais le seul
moyen auxquel une partie puisse forcer l'autre de contribuer,
est celui de borner avec des pierres plantées debout et en-
foncées en terre aux confins des héritages. On plante ainsi
à chaque extrémité, ou deux pierres réunies, ou une seulement, et dans ce cas, pour la mieux caractériser, on brise
une brique ou l'on fend une pierre en deux morceaux qui
puissent se réunir, puis on les place au-dessous de la borne,
ces deux morceaux sont appelés des témoins ; leur but étant
de faire distinguer la véritable borne des autres pierres.

Les bornes doivent être décrites dans un procès-verbal.

Après que les bornes auront été plantées, que le procès-verbal de bornage aura été régularisé de manière à faire titre, les techniciens, ingénieurs et praticiens du cadastre en assureront la position sur le papier par les procédés techniques. Ce seront les plans.

*
* *

Procès-verbal de l'opération de bornage.
Ce qu'il doit contenir. — Plan figuratif.

Dans les pages qui précédent, nous avons analysé ce qu'ont écrit les auteurs Currasson, Millet, Jay et autres. Pour le présent chapitre nous allons emprunter des pages de M. Millet.

Il ne suffit pas de planter des bornes aux extrémités des confins de chaque champ, il en faut encore en constater l'existence. Sans cette précaution, le bornage peut devenir illusoire et donner lieu à de fréquentes usurpations, certain que l'on sera que l'on ne pourra arriver au rétablissement des limites que par une nouvelle et dispendieuse opération.

Tous les auteurs prennent soin de recommander cette mesure, et cependant il arrive presque toujours que les propriétaires qui procèdent à un bornage amiable ne l'exécutent pas.

Mais en justice, il n'en peut point être ainsi ; la preuve de l'opération du bornage est une formalité tellement importante, qu'elle doit être constatée par le juge qui y a présidé.

TOULLIER dit qu'il est d'usage de faire mention des témoins dans le procès-verbal où il est bon de donner les dimensions de la pierre *bornale*.

VAUDORÉ, droit rural. — « Pour prévenir les difficultés qui peuvent survenir après la plantation, on doit faire dresser un procès-verbal de l'opération et y fixer la longueur et la largeur de chaque pièce limitrophe. »

PERRIN. — « On éviterait bien des difficultés et on se trouverait dans les termes et l'esprit d'un arrêt rendu par la Cour de Pau le 29 mai 1839, rapporté aux ANNALES DE LA LÉGISLATION, t. VII. n° 171, si, profitant de l'avis qu'en donne TOULLIER, on avait la précaution de clairement désigner la pierre bornale, ou tout autre objet pris pour borne, dans le procès de bornage ; d'y établir la dimension et la forme de cette pierre, la distance qui existe entre les unes et les autres, leur direction, leur éloignement des murs, arbres, haies, fossés, etc., de l'un ou de l'autre voisin, et même de tous les deux, s'il est possible, enfin de désigner aussi les objets qu'on a déposés comme témoins. »

VAUDORÉ, Droit civil des juges de paix. — « On doit, pour empêcher le déplacement des lignes divisoires, dresser procès-verbal de l'abornement ; on y énonce la figure des *devises* et la distance observée entre chacune d'elles ; enfin, on peut prendre des rochers, des édifices pour repère ; il est bon qu'on y indique la forme et la nature des témoins. L'opération doit être faite par le juge et par un rapport dûment homologué. »

Les auteurs ne s'occupent pas du plan des pièces de terre, et cependant ce plan est la chose la plus nécessaire pour la constatation des opérations. Dans ce plan doivent être indiquées les anciennes limites ainsi que les nouvelles, et la distance des bornes entre elles.

CURASSON a le mieux compris l'importance de ce que devait contenir le procès-verbal, en disant que la plantation des bornes, qu'elle soit pratiquée par les parties elles-mêmes, ou sous la surveillance du juge, doit être accompagnée d'un procès-verbal dans lequel il ne suffit pas de mentionner le nombre, la forme des pierres servant de bornes et les morceaux placés dessous pour témoins ; il faut avoir attention d'indiquer, dans ce procès-verbal, comment ont été levées les lignes d'une borne à l'autre ; si la ligne est droite, ou si, étant circulaire, elle forme telle ou telle courbure d'un côté ou d'un autre. Cette démonstration est la seule manière d'empêcher la transposition des bornes et de faciliter le rétablissement des limites. Un plan joint au procès-verbal d'arpentage et de bornage serait le moyen le plus sûr ; mais il ne saurait être employé que dans les délimitations de quelque importance.

CURASSON est le seul auteur qui ait parlé d'un plan à à joindre au procès-verbal de bornage, mais il ne le considère praticable que pour les opérations importantes. Il ne donne pas de motif de cette opinion. Nous n'en connaissons aucun, et nous pouvons assurer qu'il n'en existe point, car nous avons pour nous l'expérience. et il nous est déjà arrivé de faire faire par l'expert un plan d'un bornage de deux pièces de terre et même d'un simple rideau présentant des sinuosités.

Le plan est le plus sûr moyen d'obtenir une opération durable ; il peut avoir lieu pour tout bornage, quelque minime ou important qu'il soit. Il est l'image, la reproduction de ce qui est, de ce qui a été fait : aussi cette reproduction est-elle appelée plan figuratif. Dans tout bornage un plan doit avoir lieu et être joint au procès-verbal qui n'en est que l'explication motivée.

Voici ce que doit contenir, dans les cas ordinaires, le procès-verbal de bornage :

1° D'abord les formalités communes à toutes les visites de lieux faites avec expertise ;

2° La décision du juge sur les difficultés matérielles d'exécution ;

3° Les contenances matérielles selon les jouissances actuelles;

4° Les contenances d'après les titres représentés ;

5° Les pièces de terre qui n'ont pas leur compte ;

6° Les reprises effectuées sur telles ou telles pièces ;

7° La contenance de chaque pièce par suite des reprises ;

8° La condamnation à fin de restitution, si les parties n'y consentent ;

9° La plantation des bornes, leur position, leur direction et la distance des bornes entre elles, ou portée de chaîne de l'une à l'autre borne, ou balance des bornes entre elles ;

10° Les restitutions des fruits, le cas échéant ;

11° La condamnation aux dépens, avec la distinction admise entre les frais de procédure et ceux de l'opération, ainsi que les frais des incidents.

*
* *

Sans vouloir entrer dans le domaine de la géométrie, nous avons plaisir à donner quelques indications de pratique pour la rédaction des procès-verbaux et les indications à mettre sur les croquis visuels, plans synoptiques, figuratifs.

Il faut abréger autant que possible les écritures sur les procès-verbaux et les indications sur les plans, mais il faut y mettre ce qui est nécessaire pour être compris de tout le monde.

Il est facile d'appliquer le cadastre actuel et de le rectifier. Quand il s'agit de lignes courbes, c'est un peu plus difficile; mais voici un moyen simple pour établir sur les lignes courbes, les plans, les bornes et les explications.

*
* *

Il est facile pour le géomètre, même pour les propriétaires, de joindre les deux extrémités de la ligne courbe par une ligne droite fictive à laquelle on donnerait le nom de base.

Que cette base passe chez l'un ou chez l'autre des riverains, il n'y aucun inconvénient. Sur cette base on élèverait des perpendiculaires à la rencontre de chaque point ou devrait être placé cette borne.

Exemple ; borne A et borne B.

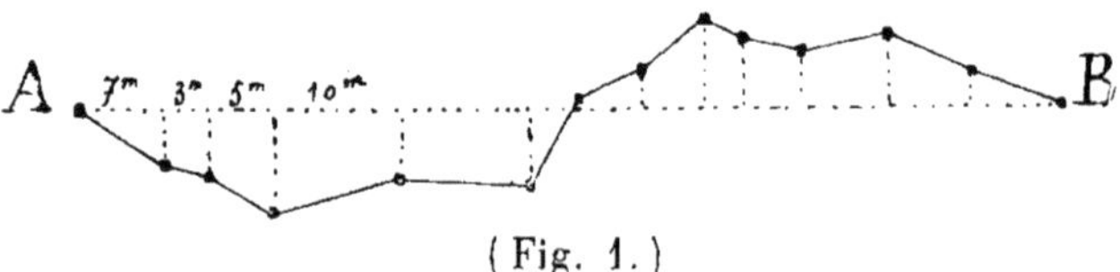

(Fig. 1.)

En consignant au procès-verbal qu'en partant de la première borne A dont la position est indiquée, vous avez fait mesurer 7 ᵐ sur la base, et qu'à ce point de la base, vous avez fait élever une perpendiculaire sur la droite de cette ligne passant par la borne n° 2 qui a été plantée à 3 ᵐ de la base; pour la 3ᵐᵉ borne, vous avez fait mesurer sur la même base, 3 ᵐ à partir du pied de la 1ʳᵉ perpendiculaire et à cette distance, vous avez fait élever une seconde perpendiculaire ; aussi sur la droite sur laquelle vous avez fait placer la 3ᵐᵉ borne à 4 ᵐ de la base; pour la 4ᵐᵉ borne, etc., etc.

Cette ligne droite ou base passant par les deux bornes extrêmes de la partie courbe, serait mesurée par partie entre les perpendiculaires sur lesquelles seraient plantées les bornes. Ces perpendiculaires ou bases ordonnées ont été employées par tous les géomètres qui ont travaillé au cadastre, parce qu'elles abrègent le travail et que c'est le seul moyen de relever des courbes brusques et irrégulières.

Un autre avantage, c'est qu'avec deux ou trois bornes d'une courbe aussi irrégulière que possible, on peut retrouver le plan de toutes les autres.

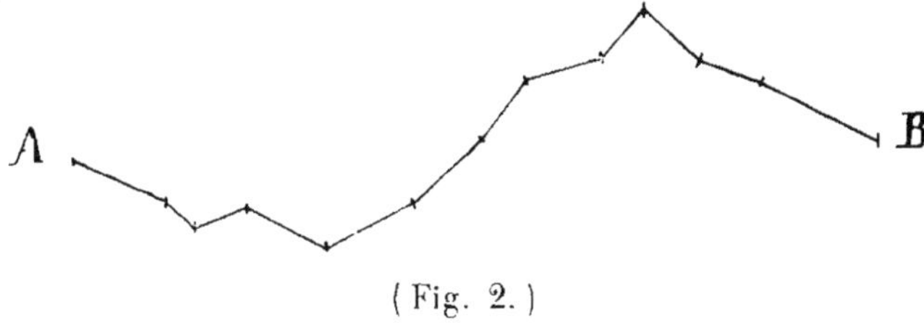

(Fig. 2.)

En ne mesurant que la distance entre les bornes, la figure pourrait changer ainsi qu'à la 2me figure. Pour obvier un peu à cet inconvénient, on pourrait indiquer les courbes et les directions. La fixation des bornes sur le plan les rendrait immuables.

La désignation des bornes d'une même propriété doit être celle d'un polygone irrégulier dont tout s'enchaîne ; aussi sera-t-il nécessaire de signaler les ruisseaux, les chemins, etc., qui bordent la propriété.

Les droits de passage, de prises d'eaux, le passage des rigoles qui vont d'une propriété à l'autre devraient être consignés, de manière que l'on puisse retrouver le point de la limite sur lequel ils sont, où ils passent.

S'il y a des haies ou des murs mitoyens, ils devront être indiqués.

Il serait utile de signaler également les fontaines, puits, abreuvoirs et lavoirs communs.

Les chemins de servitude donnent aussi souvent lieu à des discussions par rapport à leur largeur et à leur entretien.

Les irrigations donnent lieu à des contestations de toutes sortes ; les eaux des ruisseaux, celles qui sortent des étangs des réservoirs, sont l'objet de répartitions diverses. D'après les titres, ou suivant les besoins de l'agriculture, les propriétés inférieures y ont droit, les uns pendant un jour, d'autres deux ou trois jours, etc.

Parmi les rigoles qui se trouvent chez un propriétaire et qui servent à un autre, il y a plusieurs usages ; le propriétaire taille la largeur de la rigole qui passe chez lui, et celui qui s'en sert la nettoie, et souvent le propriétaire du terrain trouve qu'il la fait trop grande.

En un mot toutes les circonstances, conventions ou nécessités doivent être consignées dans les procès-verbaux.

Servitudes

Il y a nécessité de constater les servitudes dans toutes les opérations de bornage et de délimitation des propriétés.

Nous avons parlé de cette nécessité dans plusieurs endroits de notre ouvrage, principalement à la page 146 au titre du cadastre, dans notre déposition, à la page 141 dans le formulaire des procès-verbaux de conciliation, préliminaires du bornage, et ailleurs. — Les servitudes sont les choses principales de la propriété foncière ; elles forment sa vitalité. Cette matière exigerait des développements que ne comporte pas notre cadre. Nous dirons même qu'il serait dangereux pour l'opération du bornage d'insister sur la recherche et l'examen des servitudes. Nous devons nous en tenir à la recommandation de les faire constater dans les procès-verbaux de bornage *lorsqu'elles ne sont pas contestées*. Cette précaution est essentielle, mais elle doit rester facultative. Nous avons signalé aux pages citées les dangers de l'article 691 du Code civil ; cela suffit pour avertir les propriétaires de la nécessité de faire constater les servitudes, pour en renouveler les titres.

Cultellation et développement.

Dans tout ce qui précède, nous avons eu occasion de parler des plans, de la contenance et du mesurage. Nous croyons utile de donner quelques explications sur les méthodes employées par les techniciens et les praticiens pour la confection des plans et le mesurage des propriétés.

Cultellation. — Nous lisons dans le *Journal des géomètres* : « l'expérience a prouvé aux observateurs qui s'occu-

pent d'économie rurale qu'un terrain incliné produit, en raison, non pas de son étendue en surface, mais de celle que
présente sa superficie horizontale ». Et plus loin : « Un terrain montueux ou accidenté ne donne pas plus de revenu
qu'un terrain plan, et souvent moins ».

Le problème de géométrie se trouverait résolu par un phé-
nomène d'agriculture *erroné*, qui aurait pour résultat d'affirmer que la base d'un mamelon a la même contenance que
sa superficie et que les brins d'herbe et de paille qui crois-
sent sur sa surface ne sont pas plus nombreux que si cette
surface était réduite aux dimensions de la base.

Ce raisonnement contraire à la vérité est ainsi présenté
pour justifier la méthode du lever des plans par la cultellation.

La méthode de cultellation a pour effet de réduire l'étendue inclinée d'un terrain à celle de sa base horizontale. Le
mot cultellation vient de *cultellus*, couteau, parce que dans
cette opération on ramène *idéalement* une surface inclinée
à une surface horizontale *successivement* et comme en faisant des coupes avec un couteau.

Le commissaire du gouvernement écrivait le 20 pluviose,
an XII : « Il n'y a pas de doute que la surface inclinée
d'une montagne ne soit plus grande que sa base horizontale,

. . . .

Néanmoins, il n'y a pas lieu de déroger au système généralement adopté et suivi en France d'arpenter la propriété ho-
rizontalement sans avoir égard aux pentes ou inclinaisons
accidentelles du terrain. — Ce procédé est indispensable
pour faire entrer dans la carte d'un territoire les montagnes
et les cavités qui, sans cela, ne pourraient pas y être cir-
conscrites. Il est d'ailleurs prescrit par les instructions du
ministre pour l'exécution des travaux ordonnés par les arrêtés du gouvernement des 12 brumaire an XI et 27 vendé-
miaire, an XII ».

La méthode de cultellation a été adoptée par le gouvernement pour l'arpentage de tout le territoire français. C'était
forcé pour la confection des plans.

Développements. — La méthode de développement relève
les mesures suivant la pente et les ondulations des terrains.

On est forcé d'y recourir lorsqu'il s'agit de la contenance portée aux titres, parce que la mesure de la contenance a été faite par cette méthode.

La première de ces méthodes est *idéale* ; la deuxième est positive. On ne peut pas en faire l'application ensemble.

Il paraît que pour certaines contrées, la méthode par développements aurait été employée lors de la confection des plans. On se demande alors comment les géomètres ont pu faire entrer sur un plan horizontal les surfaces convexes, et comment on pourrait aujourd'hui faire le mesurage de ces dernières avec les plans dont la surface a été restreinte.

La vérité est que pour faire les plans d'ensemble, il faut la méthode de cultellation, mais que pour faire le mesurage des propriétés partielles, il faut la méthode de développement.

Dans les circonstances d'*idéalisme*, d'incertitudes, d'inexactitudes où les plans sont faits, ils ne peuvent être considérés que comme annexes indispensables, aux procès verbaux écrits.

**

Frais et dépens.

Les lois romaines, pas plus que les lois françaises, n'ont de dispositions formelles à l'égard des frais et dépens pour la matière qui nous occupe.

Le bornage ayant lieu dans l'intérêt commun des propriétaires, les frais doivent être en commun. Si des frais étaient occasionnés par la malveillance de l'un d'eux ou dans son intérêt particulier, ce dernier devrait les supporter ; mais ceux qui sont faits pour l'opération générale doivent être payés au prorata des longueurs de la ligne divisoire de chaque propriété qui intéresse les deux voisins limitrophes ; la répartition doit être équitable suivant les circonstances. — Quand aux incidents, les frais qu'ils occasionnent doivent être supportés par ceux qui succombent dans leurs prétentions.

Nous donnerons un exemple des frais et dépens ordinaires et de leur répartition au chapitre III du bornage.

Bornage des communaux et des talus de routes.
Constatation de leurs servitudes. Plantations sur les routes.

Dans notre étude sur les communaux, nous avons établi les droits des communes et ceux des sections de communes sur ce genre de propriété. Nous avons fait le tableau de leur état misérable. Nous avons traité la question sociale à leur endroit et leur rôle chez le *riche* et le *pauvre*, considérés comme grand et petit propriétaire. Nous avons démontré que la mise en valeur des biens communaux ne pourrait avoir lieu qu'en supprimant la commune jouissance par le partage en nature, mesure qui est le sujet de controverses. Il nous reste à parler de leur bornage et de la constatation de leurs servitudes actives et passives, nécessité qui doit être unanimement reconnue à cause de la notoriété des envahissements, usurpations et dilapidations de toutes sortes dont ils sont l'objet. Les dissentiments ne pourraient avoir lieu que pour des raisons inavouables.

Comme corollaire au bornage des communaux, nous demandons aussi le bornage des talus de routes (déblais et remblais), qui sont une espèce particulière de communaux. Il n'est pas un propriétaire bordier des routes, qui n'ait à souffrir des exigences de l'administration des ponts et chaussées, et qui ne soit exposé aux vexations et aux prévarications de ses agents. Le cantonnier est souvent le plus gênant des voisins.

Nous donnons à ces bornages la qualification d'*administratifs-mixtes*, parce qu'ils sont soumis à certaines règles administratives et qu'ils sont faits entre les propriétaires des terrains contigus et les administrations municipales, sous le contrôle de l'administration préfectorale et son autorisation.

Le bornage immédiat des biens communaux ordonné par le gouvernement aurait l'avantage de fournir une amorce considérable à l'opération du bornage général dont il poursuit l'exécution par la loi du 17 mars 1898. Leur superficie est de 4 millions d'hectares ; celle des routes en dépasse 1 million, ce qui fait 5 millions sur la superficie totale de la France qui est de 50 millions. Si ces 5 millions de communaux étaient bornés, ils entraîneraient le bornage d'une quantité au moins égale de propriétés particulières, ce qui ferait dix millions d'hectares de propriétés bornées, soit le cinquième de toutes les propriétés de la France.

De plus, les bornes limitatives des communaux et des talus de routes seraient immuables et serviraient de repères pour le bornage des propriétés particulières.

Dans la mémorable séance du 6 avril 1866, M. le sénateur baron de Ladoucette, après avoir approuvé notre système de bornage, a exprimé au Sénat le désir de voir le gouvernement agir sur les communes à l'effet de faire borner leurs terrains communaux. Aujourd'hui, après 30 ans, ce désir est devenu une nécessité que nous constatons.

Les communes sont soumises pour les biens de leur domaine privé au droit commun. Spécialement, en matière de bornage des communaux, l'action est portée devant le juge de paix, et la procédure suivie est la même qu'entre particuliers. (Requête 19 avril 1880, Dalloz 1880, 1re partie, page 416).

La commune est représentée par son maire, spécialement habilité à cet effet par une délibération du conseil municipal et une autorisation du conseil de préfecture. (Loi du 5 avril 1884. Art. 90, Nos 8 et 121).

Si l'action en bornage est intentée par le particulier, il doit déposer préalablement, à la préfecture, un mémoire, conformément aux articles 124 et suivants de la loi de 1884.

Quant à la délimitation des fonds dépendant du domaine public, elle appartient toujours à l'autorité administrative. Elle s'exerce notamment en matière de voirie, au moyen de l'alignement. Cet alignement n'est donné qu'en cas de construction à faire dans un délai déterminé. Les limites des propriétés rurales, joignant les talus de routes restent incertaines ; elles sont à la discrétion et au caprice de l'administration des ponts et chaussées. Cette question est intimement liée à notre sujet, puisque nous demandons le bornage des talus de routes, qui sont une espèce de biens communaux.

Bornage des biens communaux

En droit commun, les actions en délimitation ou bornage sont portées devant le juge de paix ; mais il n'en est pas de même lorsqu'il s'agit de fixer les limites de bois soumis au régime forestier. Les règles à suivre pour procéder à la délimitation de ces bois sont tracées par le code forestier, l'ordonnance du 1er août 1827, et de nombreuses instructions de l'administration des forêts. Ces règles se résument ainsi qu'il suit :

Délimitation amiable. — La partie qui requiert le bornage doit adresser une demande au préfet du département dans lequel est situé le bois à délimiter. — Si c'est le propriétaire riverain d'un bois communal qui prend l'initiative, sa demande doit être sur timbre. Si l'initiative est prise par la commune, la demande est formulée dans une délibération du conseil municipal.

Ces lignes sont tirées d'un ouvrage de M. Bouquet de la Grye, conservateur des forêts, membre de la Société nationale d'agriculture ; elles sont suivies de plusieurs pages qui indiquent les voies, moyens et précautions que l'administration préfectorale emploie pour donner suite à la demande qui lui a été faite. Nous les emprunterons *in extenso*, pour ne pas diminuer leur saveur juridique, scientifique, professionnelle et pratique ; nous les mettrons en annexes avec nos observations.

Examen des servitudes.

Le 4 novembre 1893, Messieurs les ministres de l'agriculture, du commerce et des travaux publics, ont adressé à MM. les Préfets la circulaire qui suit :

Examen des servitudes actives et passives des immeubles appartenant aux départements et aux communes. Un assez grand nombre de départements et de communes se trouvent en possession d'immeubles qui leur ont été concédés par le gouvernement, en vertu, soit du décret général du 9 avril 1811, soit de décrets spéciaux. Ces immeubles, au moment de la cession, pouvaient posséder des servitudes actives sur les fonds voisins, ou au contraire être soumis à des servitudes passives plus au moins justifiées de la part des propriétés adjacentes. En général, il n'a été fait aucun acte dans le but, soit d'assurer la conservation des servitudes actives, soit d'empêcher l'établissement ou de faire ordonner la suppression des servitudes passives ; il en est de même des autres empiètements qui auraient pu être commis au préjudice du département ou de la commune propriétaire. — Vous n'ignorez pas qu'aux termes de l'article 690 du code civil, les servitudes continues ou apparentes s'acquièrent sans titre par la simple possession de trente ans, et que, d'après l'article 706 du même code, les servitudes s'éteignent par le non usage pendant le même espace de temps. Or, l'article 2281 porte, § 2, que les prescriptions commencées antérieurement au code civil, et pour lesquelles il eut fallu encore, suivant les anciennes lois, plus de trente ans à dater de la promulgation de ce code, seront accomplis par ce laps de trente ans ; d'où il résulte qu'au 4 février prochain, toutes les prescriptions commencées avant la publication du code civil seront définitivement acquises. — Vous concevez dès lors, la nécessité pour les départements et pour les communes de faire examiner attentivement leurs titres de propriétés, afin d'interrompre les prescriptions qui pourraient les menacer à l'époque dont il s'agit, et particulièrement en ce qui concernent les bâtiments cédés par le gouvernement, et qui en général, acceptés sans examen par les donataires, dans l'état où ils se trouvaient, n'ont pas toujours été depuis l'objet d'une attention suffisante. Le but de la présente circulaire est donc de vous inviter à provoquer sur ce point la sollicitude des administrations locales. Il serait utile que pour les départements et les communes qui possèdent des immeubles, quelle qu'en soit l'origine, des commissions de jurisconsultes fussent nommées pour rechercher les usurpations commises, les servitudes établies sans titres par les propriétaires voisins et celles qui appartenant aux départements ou aux communes auraient cessé d'être exercées. Ces commissions pourraient être composées et nommées de la manière prescrite par le décret du 24 Frimaire, an XII, relatif aux transactions sur procès. En ce qui concerne les communes, il sera bon que le receveur municipal, qui est spécialement chargé par l'arrêté du 19 Vendemiaire, an XII, de veiller à la conservation des droits de la commune et d'empêcher les prescriptions, soit appelé dans le sein de la commission, afin d'y donner tous les renseignements qui pourraient être nécessaires. Sur les rapports de ces commissions, vous prendriez ou prescririez, suivant les cas, les mesures judiciaires ou de conciliation propres à interrompre les prescriptions. »

*
* *

Excusons-nous de ce que les faits nous deviennent de plus en plus personnels, mais ils rentrent dans l'esprit des généralités.

Trente ans après la circulaire qui vient d'être copiée, et le 30 janvier 1864, M. le Préfet de la Haute-Vienne nous adressait, en notre qualité de juge de paix du canton nord de Limoges, une circulaire par laquelle il disait à Messieurs les maires :

« Toutes les communes sont propriétaires d'immeubles soit par suite de concessions du Gouvernement, soit par actes d'une autre origne. Ces immeubles peuvent posséder des servitudes actives sur les fonds voisins, ou être soumis à des servitudes passives plus ou moins justifiées, de la part des propriétés limitrophes. A la suite d'une circulaire de Son Exc. le Ministre de l'agriculture, du commerce et des travaux publics, du 4 novembre 1833, vous fûtes appelé à faire examiner attentivement les titres de propriété de ces immeubles, afin de prévenir les prescriptions qui, aux termes de l'article 2281, § 2, du Code Napoléon, allaient être définitivement acquises. Aujourd'hui, une nouvelle période trentenaire est sur le point de s'accomplir. Il est donc important, Monsieur le maire, pour les communes, de faire examiner attentivement leurs titres de propriété, afin d'interrompre la prescription qui pourrait menacer leurs propriétés, en vertu des articles 640 et 706 du Code Napoléon, et, plus particulièrement, celles qui, acquises par la concession, ont été acceptées sans examen dans l'état où elles se trouvaient, et dont la possession n'a pu être l'objet d'une attention mieux suivie. En conséquence, Monsieur le Maire, je vous engage, si votre commune possède des immeubles dotés ou grevés de servitudes, à réunir votre conseil pour rechercher les usurpations commises, les servitudes établies sans titres par les propriétaires voisins, ou celles qui, appartenant aux propriétés communales, auraient cessé d'être exercées. Les conseils municipaux délibéreront s'il y a lieu de réprimer les usurpations constatées ; il sera bon que le receveur municipal, qui est spécialement chargé, par l'arrêté du 19 ventôse an XII, de veiller à la conservation des droits de la commune et d'empêcher les prescriptions, soit appelé dans le sein du conseil municipal, afin d'y donner tous les renseignements qui pourraient être nécessaires. Les délibérations me seront ensuite adressées par l'intermédiaire de Messieurs les sous-préfets, afin de provoquer les autorisations et donner suite à ces délibérations s'il y a lieu. »

*
* *

Le 17 février de la même année, nous avons exposé à M. le ministre de l'agriculture que le seul moyen de donner satisfaction à ses circulaires, c'était d'ordonner le bornage des communaux avec constatation des servitudes et rectifications des plans parcellaires par des opérations semblables à celles que nous faisions dans le canton nord de Limoges pour y opérer le livre-terrier judiciaire, fiscal et agricole de la propriété foncière.

Toutes les précautions pour et contre les servitudes des communaux devaient être renouvelées 30 ans après, vers l'année 1894. Mais hélas ! malgré les avertissements de l'ancien juge de paix de Limoges, malgré ses lettres à MM. les sous-préfets, préfets, procureurs généraux, M. le ministre de l'agriculture, de la justice, lesdites précautions n'ont pas été prises, et les prescriptions, concernant les envahissements de terrains et les servitudes, sont acquises depuis l'année 1895 ; seulement, la surveillance pour les faits récents *doit être éveillée* ; il faut prévoir l'avenir.

*
* *

Nous avons vu ce qui s'est passé pour les bois communaux de la section de Nouhaud. Voyons ce qui est arrivé pour les autres biens appartenant à la commune et à toutes les sections de Saint-Amand.

Vers l'année 1855, nous habitions à Limoges, mais nous faisions partie du conseil municipal de Saint-Amand. Nous avons proposé à cette assemblée le bornage des communaux et le redressement des terrains envahis. La majorité de ce conseil, composée de propriétaires envahisseurs, s'opposa à cette proposition.

Il est instructif et suggestif de lire dans la délibération ce motif : « *La plupart des propriétaires voisins des commu-naux les ont envahis ; il leur serait désagréable et préju-diciable de les obliger à rentrer dans leurs limites à cause du trouble qui serait occasionné dans leur propriété.* »

La commune ayant été administrée par des maires et des conseillers qui avaient intérêt à conserver le *statu quo*, les envahissements et les déprédations se sont continués jusqu'au moment où les inconvénients sont devenus intolérables.

Le 8 novembre 1891, nous étions maire, et non imbu des mêmes idées que nos prédécesseurs ; nous avons eu assez d'autorité pour faire prendre au conseil municipal une déli-bération qui fut précédée de l'exposé et des conclusions qui suivent : — « Délibération du conseil municipal de la com-mune de Saint-Amand-Jartoudeix (Creuse). — Séance du 8 novembre 1891. Présidence de M. Freyssinaud, maire. — Bornage cadastral des communaux.

Le maire expose :

Les communaux de la commune de Saint-Amand-Jartoudeix sont pour la plupart soumis aux anticipations des proprié-taires voisins ; mais, dans la section du Nouhaud, certains sec-tionnaires ont poussé l'audace plus loin : ils ont usurpé, en-vahi des parties notables à différents endroits qu'ils ont choi-sies en plein corps des propriétés promiscues, les ont closes, limitées, cultivées, pour en jouir *animo domini*, sans s'in-quiéter de la promiscuité et de la gêne qui pourrait résulter pour la jouissance des autres parties de la propriété. Il est arrivé qu'après des prises de possession de cette nature, d'autres sectionnaires ont établi des cultures dans ces mêmes endroits déjà préparés pour l'ensemencement. Il en est résulté des rixes, des procès que le conseil municipal a le devoir de faire cesser pour éviter des conséquences fâcheuses. Cet état de sauvagerie ramènerait, par la méthode de *primo occupanti*, aux premiers actes de la civilisation : nous en sommes heureusement loin.

Le maire demande au conseil de nommer une commission de 5 membres, y compris le maire, laquelle pourra opérer à 3, avec le concours de l'instituteur remplaçant les géomètres qui manquent dans la contrée, à l'effet de rechercher les limites des communaux de la commune, d'arriver amiablement à leur bornage, de provoquer le déssaisissement des parties envahies après que la récolte actuelle aura été levée par ceux qui l'auront semée : qu'aux cas de résistance aux voies amiables, le maire soit autorisé à procéder par les voies judiciaires ; qu'en tous les cas, il soit autorisé à transiger avec les voisins, et à employer l'argent de ces transactions en travaux au profit de la section ; que les frais relatifs à chaque section soient payés par elle, (le tout en se conformant aux formalités administratives) ; que dans les bornages amiables ou judiciaires, la constatation des servitudes soit faite ; que les plans soient mis au courant des mutations, modifications ; que la position des bornes soit indiquée ; qu'il soit dressé procès-verbal écrit de toute l'opération *contradictoire*. lequel procès-verbal sera, sous forme de délibération, entériné et inscrit aux registres des délibérations de la commune, dans les formes ordinaires et signé par les parties qui pourront signer ; qu'ainsi le cadastre, le livre terrier, constitutif de propriété relatif aux communaux soit mis en harmonie avec l'état actuel qui, par ventes, transactions, démembrements ou autrement, aurait modifié l'état ancien; que les questions de partages, de ventes, d'amodiations qui sont soulevées, soient suspendues jusqu'après le bornage qui doit être préliminaire; qu'il faut éviter ce qui s'est passé récemment dans les communes voisines, Bourganeuf et Saint-Pierre-Chérignat. On a fait des lots de partage des communaux, sans en avoir fait la délimitation, cela a fait surgir des difficultés inextricables de la part des voisins qui revendiquent des parcelles comprises dans les lots.

Avant de faire procéder au vote, le maire ajoute :

Par cette délibération, vous obéirez par avance aux instructions qui ne manqueront pas d'être données en 1893, par

M. le ministre de l'agriculture pour les mesures a prendre contre l'envahissement des communaux et pour la conservation des servitudes. Ces instructions données en 1833, renouvelées en 1863, le seront encore, comme il est dit, en 1893, pour empêcher les prescriptions trentenaires. Le seul moyen de donner satisfaction aux circulaires ci-dessus est de faire opérer le bornage des communaux avec constatation des servitudes et rectification des plans parcellaires. — Le conseil adopte à l'unanimité. »

Bornage des talus de routes. — Plantation sur les routes.

Comme corollaire au bornage des communaux, nous demandons aussi le bornage des talus de route (déblais et remblais) qui sont une sorte de communaux appartenant aux communes, aux départements ou à l'État, suivant le classement des routes. Pour justifier notre demande, nous allons donner copie d'une autre délibération du conseil municipal de notre commune, dans laquelle nous avons présenté les motifs qui exigent la mesure du bornage et une réglementation pour la plantation sur le bord des routes.

« Délibération du conseil municipal de la commune de Saint-Amand du 8 novembre 1891. Présidence de M. Freyssinaud, maire. — Bornage cadastral des talus de routes (déblais et remblais). Plantations sur le bord des routes.

Le maire expose :

L'incertitude des limites des talus de routes (déblais, remblais) gêne l'agriculture et produit de graves inconvénients, entre autres celui de ne pouvoir planter au bord des routes. Les propriétés bordant les routes sont livrées à l'arbitraire de l'administration des ponts et chaussées. Les propriétaires sont soumis au bon vouloir de ses agents ; ils ne sont plus bordiers des routes : ils ont pour voisins les cantonniers qui profitent des produits qui se manifestent en bois, fruits, fourrages, etc., sur les routes et talus.

Ces inconvénients existent sur les routes vicinales surveillées par les maires et entretenues par les cantonniers ; mais ils sont bien plus désastreux en ce qui concerne les routes nationales.

Il y a des exemples d'une tracasserie vexatoire.

Dans les pays accidentés, les talus en déblais partent de la route et montent sans distinction de limites jusqu'au sommet des montagnes, à plusieurs hectomètres ; ceux en remblais descendent en sens inverse, aussi sans distinction de limites, jusqu'au fond des vallées. Il y a des collines coupées en *cul-de-lampe* par la route qui n'a nécessité aucun travail dans un des côtés qui a la forme d'un talus naturel ; l'administration prétend y avoir des droits et y fait des actes de possession. Dans les plaines, la route est limitée par les fossés : leur curage jeté sur le champ voisin produit des tertres, des talus, qui s'augmentent au préjudice des propriétaires.

Si le riverain fait un acte de jouissance près de la route, il encourt non seulement des observations et des menaces, mais aussi des procès-verbaux. Il faut plaider avec une forte administration qui ne tient pas compte des moyens de droit ordinaire, de la jouissance par ébranchage ou autrement. Elle ne tient aucun compte de ce que la plantation a été faite par nos pères, il y a 100 ans, époque à laquelle, la loi à la la main (Décret de 1791 ou 1792), ils ont obéi aux instructions du moment, qui obligeaient les propriétaires à planter sur le bord des routes dans des conditions de distance et autres, édictées dans les ordonnances. Aujourd'hui l'administration des ponts et chaussées se les attribue, et elle fait mutiler les arbres dont les branches viennent aux fossés de la route, sous le prétexte, dit-elle d'assainissement et, inconséquence ! elle fait elle-même opérer à un mètre des fossés, sur le bord des routes, des plantations de diverses essences.

L'ancien système ne valait-il pas mieux ? Les plantations étaient faites dans de bons terrains ; elles réussissaient. Sans nuire à l'assainissement de la route, elles procuraient aux intéressants voyageurs à pied un doux ombrage pendant l'été et laissaient passer en hiver le soleil vivifiant. L'alignement était donné. S'il empiétait sur les talus, c'était sous le contrôle et la surveillance d'une administration bienveillante qui combinait l'intérêt de la voirie avec celui de l'agriculture, et qui, *sur ses terrains*, imposait des obligations comme celle de ne couper les arbres et même les ébrancher qu'avec une autorisation. — Nul doute que les arbres ainsi plantés par les propriétaires, jouis par eux, leur appartenaient.

Or, voilà ce qui se passe dans notre commune et dans celles voisines. Sur la route nationale n° 141, entre les bornes 77-78, un arbre séculaire, laissé au bord d'un talus par une rectification de l'ancienne route, a été exploité par le propriétaire riverain. L'administration a revendiqué, menacé ; elle a obtenu 20 francs pour ce chêne têtard. D'autres arbres séculaires, plantés irrégulièrement sur le bord de la route avec une haie que la déclivité a fait varier, n'ont pas tous été liés dans la haie ; l'administration les réclame.

Entre les bornes 81-82, à un endroit où il n'y a pas de talus, près du fossé, le propriétaire bordier se disposait à faire couper un mauvais cerisier d'une valeur de 2 à 3 francs ; il a été arrêté par le cantonnier qui, par les ordres du conducteur des ponts et chaussées, a coupé les broussailles de manière à isoler l'arbre et à simuler un talus, le tout sans appeler le propriétaire à fournir ses explications.

Parlons maintenant de ce qui se produit à propos des plantations que l'administration des ponts et chaussées fait opérer sur les routes à un mètre des fossés, par conséquent à 2 mètres des propriétés riveraines.

Heureusement qu'elles ne sont pas viables. Si les arbres ainsi plantés venaient grands, leurs branches s'étendraient chez les riverains. Elles iraient se balancer sur les murs, faire tomber les crépis, briser les toitures, etc. — L'agriculture aurait à en souffrir. A plusieurs mètres des arbres rien ne vient.

Mais, rassurez-vous. Les arbres que l'administration fait planter sur nos routes ne sont pas destinés à vivre.

Voici les raisons : nos routes accidentées sont la plupart en déblais ou en remblais, par conséquent des rochers et du tuf sont partout. — Partout la terre végétale fait défaut, partout les arbres sont encastelés dans le roc ou dans le tuf comme des orangers dant les caisses ; ils périssent après avoir rabougri. Quelques-uns, plus rustiques, plantés dans les remblais poussent timidement quelques branches, mais l'administration les arrête par un élagage excessif.

L'administration des ponts et chaussées, qui a pour mission de veiller à la libre circulation, lui porte des entraves.

Dans les pays de plaine, où les routes ne sont ni en déblais ni en remblais, les arbres plantés par l'administration peuvent profiter, mais ils auront toujours l'inconvénient d'encombrer les routes, de gêner la circulation et de nuire à l'agriculture. Quand à planter sur les routes des arbres à fruits, il n'y faut pas penser. En admettant de la part des habitants des campagnes et des voyageurs une réserve qui n'est ni dans leurs mœurs, ni dans leurs habitudes, le produit des fruits serait difficile à recueillir. Il faut revenir au décret de 1791 qui réglemente la plantation d'arbres sur les terrains qui bordent les routes. Les propriétaires bordiers de routes pourront ainsi faire des plantations régulières dans des terrains propices, avec des essences choisies ; ils profiteront de leurs produits. Ces plantations fourniront de l'ombre aux voyageurs, n'encombreront pas les voies publiques, ne gêneront pas la circulation.

Le bornage est obligatoire, aux termes de l'article 646 du Code civil. Le gouvernement n'a qu'à envoyer des instructions aux diverses administrations et particulièrement à celles des routes, chemins et voiries pour qu'elles appellent les bordiers en bornage de leurs propriétés, à l'exemple des chemins de fer.

La question n'est pas nouvelle. En 1867, lors de la grande enquête agricole, le bornage des talus de routes a été demandé (voir le livre des 35 déposants, déposition de M. Freyssinaud, page 409):

Après cette exposé, le maire demande au conseil de l'autoriser à faire des démarches près de l'administration des ponts et chaussées et du service vicinal pour obtenir que leurs agents appellent les propriétaires bordiers des routes et chemins en un bornage amiable, où les droits de chacun seront discutés ; qu'ils établissent les plans et profils à une échelle suffisante pour porter l'indication des limites de talus, déblais, remblais ; que la description soit faite en même temps par des procès-verbaux écrits ; qu'une copie de ces plans et procès-verbaux soit déposée aux archives de la commune pour y recourir en cas de besoin ; que toutes les routes, chemins vicinaux et autres, soient inscrits sur les plans parcellaires, à l'effet de les mettre en harmonie avec l'état actuel.

Le conseil adopte à l'unanimité ».

Les délibérations ci-dessus nous dispensent des commentaires. Elles portent les motifs du bornage des communaux et des talus de routes, en même temps qu'elles traitent la question de plantation sur le bord des routes.

La circulaire des ministres en date du 4 novembre 1833 explique la nécessité du bornage des communaux. Celle du 30 janvier 1864 renouvelle les précautions à prendre pour la seconde période trentenaire, à l'effet d'interrompre les prescriptions.

En 1894, les mêmes précautions devaient être prises ; elles ne l'ont pas été ; des prescriptions sont acquises; il faut surveiller l'avenir.

Voulant remplir la mission qui nous était confiée par les délibérations du conseil municipal de notre commune, nous en avons transmis des copies à M. le Préfet, à M. l'ingénieur principal des ponts et chaussées du département de la Creuse, à l'administration générale des ponts et chaussées, à M. le ministre des travaux publics, en demandant les moyens pour satisfaire au mandat qui nous était donné. Nous avons fait toutes démarches ; nous n'avons obtenu qu'un silence désespérant. Les agents des ponts et chaussées ont continué leurs procédés arbitraires et vexatoires.

Personnellement, nous avons souffert des procédés ci-dessus décrits, dans notre propriété du Nouhaud. Tout dernièrement et malgré nos protestations précédentes, le conducteur des ponts et chaussées en résidence à Bourganeuf, a fait ébrancher des arbres qui nous appartiennent et a fait conduire trois charretées de ces branches chez le cantonnier. Nous avons fait de ces actes l'objet d'une plainte et d'une pétition aux chambres.

*
* *

Nos conclusions tendent à ce que, préalablement au partage, si on l'ordonne, et à *fortiori* si on ne l'ordonne pas, le bornage des communaux soit fait avec constatation des servitudes et rectification des plans parcellaires ; que cette mesure soit appliquée aux biens des communes et à ceux des sections ; qu'elle soit aussi appliquée aux talus de routes (déblais et remblais).

Si, conformément aux conclusions que nous avons formulées pour les communaux, on ordonne l'aliénation, il faudra qu'elle soit précédée du bornage pour déterminer les parcelles vendues ou données en partage. Si on conserve les communaux comme propriété communale, il est indispensable de les sauvegarder des empiètements et autres malversations auxquels ils sont soumis. Dans tous les cas, le bornage cadastral doit leur être appliqué.

Quand au bornage des talus de routes (déblais et remblais) les motifs déduits dans les délibérations que nous venons de rapporter suffisent pour justifier la mesure. Le gouvernement n'a qu'à donner des ordres pour que le bornage se fasse avec les propriétaires contradictoirement. Il serait aussi à désirer que le gouvernement revienne au décret de 1791 qui réglemente la plantation sur le bord des routes.

La loi du 17 mars 1898 sur la révision du cadastre a des dispositions favorables à la délimitation et au bornage des communaux et des talus de routes ; elles sont d'une application facile. On peut aussi procéder par les voies ordinaires et usuelles. Les communes qui voudront faire borner leurs communaux trouveront dans cette loi des facilités pour obtenir des fonds nécessaires pour couvrir les frais minimes de l'opération. Elles y trouveront aussi le mode de formation des commissions chargées de procéder à la mesure.

En 1892, au congrès de la propriété foncière, M. Rebreyend, vérificateur du cadastre, a rappelé notre proposition. Elle a été admise plus tard par la commission du cadastre. La loi du 17 mars 1898 n'en parle pas ; c'est une lacune à combler.

TABLE

Les biens communaux en France   1

Communaux   2

Sections de communes   2

Première question. — Les biens communaux dans le
passé : leur origine, leur rôle et les modifications
apportées pendant et depuis la Révolution. . .   4

Origine   5

Question sociale. — Rôle des communaux . . .   8

Deuxième question. — Les biens communaux aujour-
d'hui : leur état actuel, en fait et en droit et ses
conséquences. — Législation actuelle   11

Etat actuel   11

Législation actuelle   15

Législation et jurisprudence spéciales aux communaux   20

Troisième question. — Y a-t-il lieu à une réforme
dans la législation des biens communaux et dans
quel sens ? — Faut-il supprimer les communaux ?
— Par quel moyen ?   21

Suppression des communaux.   21

Partage par feux   25

Conclusions   31

Délimitations. — Bornages. — Vues générales. —
Législation. — Loi du 17 mars 1898. . . .   33

Délimitations-Bornages   33

Délimitation.   33

Bornage   34

Exagération de contenance dans les titres. . . .   38

Déplacement de bornes 38

Absence de signes délimitatifs 39

Crainte de procès mal fondé. 40

Législation sur le bornage 41

Bornages. 45

Impulsion du gouvernement. — Bornage des communaux, routes, biens de l'Etat.. 45

Dispense de frais 45

Juges de paix, tuteurs, administrateurs 45

Litiges, incidents 45

Protocoles 45

Conservation du cadastre au courant des mutations. 45

Ecoles primaires 46

Rapport sur la pétition de M. Freyssinaud, ancien juge de paix du canton nord de Limoges, à la commission du cadastre, par M. Piat 46

Extrait du rapport fait par M. Cheysson, Président du comité d'enquête, à la commission du cadastre. 47

Loi du 17 mars 1898, sur la revision du cadastre. — Extrait du journal officiel 51

Observations sur cette loi 55

Le bornage devant la Société des Agriculteurs de France. 71

Instruction primaire. — Enseignement agricole à tourner dans le sens de la géométrie et spécialement de l'arpentage et des nivellements . . . 72

Mode de procéder pour le bornage cadastral. . . 77

Bornage 78

Identité et qualité des propriétaires 79

Mineurs, interdits, communes, établissements publics 79

Immunités, primes, subventions. 80

Crédit hypothécaire. — Crédit agricole 80

Bases d'après lesquelles le bornage doit être effectué. — Les titres. — La possession. 82

Titres. 83

La Possession annale 83

Des règles du bornage. — Ce qu'on doit y comprendre : chemin publics et privés, rivières, ruisseaux, haies, confins, fossés, titres, etc, etc 84

Recherche des bornes, — Plantations de bornes. — 85
Procès-verbal de l'opération de bornage. — Ce qu'il doit contenir. — Plan figuratif 87

Servitudes 92

Cultellation et développement 92

Cultellation 92

Développement 93

Frais et dépens 94

BORNAGE DES COMMUNAUX ET DES TALUS DE ROUTES. — CONSTATATION DE LEURS SERVITUDES. — PLANTATIONS SUR LES ROUTES 95

Bornage des biens communaux 97

Délimitation amiable 97

Examen des servitudes 97

Bornage des talus de routes. — Plantations sur les routes 103

FIN

Bray-sur-Seine. — Imp. LOUIS COLAS